Abilio

Cristiane Correa

Abilio

Determinado, ambicioso, polêmico

A trajetória de Abilio Diniz,
o empresário brasileiro mais importante
do varejo global

GLOBO LIVROS

Texto fixado conforme as regras do Acordo Ortográfico da Língua Portuguesa
(Decreto Legislativo nº 54, de 1995)

Editora responsável: Amanda Orlando
Editora de produção: Viviane Rodrigues
Editor-assistente: Rodrigo Ramos
Pesquisa: Mariana Segala
Revisão: Bruna Brezolini
Diagramação: Carolinne de Oliveira
Capa: Estúdio Insólito
Imagem de capa: Bruno Santos/Folhapress

1ª edição, 2015, Primeira Pessoa
2ª edição, 2025

CIP-BRASIL. CATALOGAÇÃO NA PUBLICAÇÃO
SINDICATO NACIONAL DOS EDITORES DE LIVROS, RJ

C841a
2. ed.

Correa, Cristiane
Abilio : determinado, ambicioso, polêmico : a trajetória de Abílio Diniz, o empresário brasileiro mais importante do varejo global / Cristiane Correa. — 2ª ed. — Rio de Janeiro: Globo Livros, 2025.
208 p.; 23 cm.

ISBN: 978-65-5987-276-3

1. Diniz, Abílio, 1936-2024. 2. Empresários - Brasil - Biografia. I. Título.

25-97720.0 CDD: 658.40092
CDU: 929:658

Gabriela Faray Ferreira Lopes — Bibliotecária — CRB-7/6643

Direitos exclusivos de edição em língua portuguesa para o Brasil
adquiridos por Editora Globo S.A.
Rua Marquês de Pombal, 25 — 20230-240 — Rio de Janeiro — RJ
www.globolivros.com.br

Prefácio

Abilio, o Homem de Ferro

No panteão dos super-heróis, um de meus favoritos é Tony Stark. Ele não tem superpoderes presenteados pela natureza ou pelo acaso; constrói a si mesmo. Acompanho os filmes da franquia Homem de Ferro desde o primeiro, quando Stark é sequestrado por terroristas e cria para si uma armadura que o fortalece nas disputas com oponentes. E vibro com a maneira como, a cada nova produção, ele vai se recriando sob ataque.

No panteão dos empresários brasileiros, o mais parecido com Stark é Abilio Diniz. Reconstruindo-se diante de todas as adversidades, sejam pessoais, familiares, de negócios ou macroeconômicas, ele sempre volta mais forte e melhor do que antes.

Para descrevê-lo, não basta usar o conceito de resiliência, emprestado do mundo da física. Resiliência pressupõe o retorno do material a seu estado anterior à pressão. Abilio constrói outro estado, aperfeiçoado, e por isso a armadura continuamente melhorada do Homem de Ferro é uma metáfora que lhe cai tão bem.

Você lerá sobre isso nas páginas a seguir. Brigas (com parentes ou com sócios) e crises (do país, do setor ou de seu negócio em particular) só o levaram a tornar sua empresa cada vez mais competitiva e estrategicamente diferenciada. Ele fez isso com o Grupo Pão de Açúcar, com a BRF e, agora, está fazendo com o Carrefour.

Isso não significa que Abilio seja infalível, como, aliás, o Homem de Ferro não é. E eu gosto particularmente desse caráter de humanidade do empresário. Ele é um homem que acredita em Deus, muito ligado à família — seus filhos o idolatram —, que adora praticar esportes.

Tudo isso não se limita à esfera pessoal. Essa preocupação com a saúde e a qualidade de vida, Abilio estende aos amigos — quantas vezes ele não me doutrinou sobre esse tema, sabedor de que sou um ex-tenista "quebrado" pelas competições (risos). E, sobretudo, estende a seus funcionários, que contam com programas de exercícios no que já mostrou ser uma ação exemplar de responsabilidade social empresarial.

Abilio também levou sua preocupação com a saúde a iniciativas de cidadania corporativa. Patrocina com regularidade projetos sociais voltados ao esporte, incluindo, mais recentemente, um sofisticado centro da prefeitura paulistana chamado Núcleo de Alto Rendimento Esportivo de São Paulo (NAR), que avalia e prepara atletas para otimizar o desempenho esportivo.

No que se refere a sua humanidade, gosto especialmente da capacidade de aprendizado constante, apesar de poucas pessoas entenderem de varejo como ele no mundo. Essa é a mesma característica que viabiliza a permanente reconstrução da armadura, no caso do Homem de Ferro.

Quer um exemplo? Abilio é conhecido como um negociador voraz e, de fato, assim foi forjado pelas circunstâncias da vida. Mas, percebendo que esse estilo não funciona mais tão bem como antes, buscou a ajuda de William Ury e tratou de aprender a "flexibilizar-se".

Outra evidência? Líder descrito como excessivamente duro por tanta gente, Abilio entendeu a mudança de paradigma para um ambiente mais colaborativo e está desenvolvendo novas habilidades na área, tanto com a consultoria de Jim Collins quanto no contato com os jovens da geração Y nas aulas que ministra no curso de liderança da FGV-EAESP.

A permanente disposição de aprender me faz concluir que Abilio aplica bem um dos ensinamentos de ouro de Peter Drucker, o pai da administração moderna: a lição da árvore. Em sua última entrevista antes de falecer, que foi concedida a mim, Drucker disse: "Árvores não crescem até o céu, José". Assim ele descrevia o limitado ciclo de sucesso da maioria das empresas, de trinta anos em média, e o desafio fundamental da gestão — se o esperado é o fracasso dos negócios depois de determinado tempo, o que os gestores precisam fazer é "enganar" a natureza, levando-os a renascer tantas vezes quanto for possível.

Abilio, assim como o Homem de Ferro e como Peter Drucker, é a própria materialização dessa simbologia da árvore. Reinventou seu Pão de Açúcar em sucessivas ocasiões e reconstrói-se o tempo todo diante de nossos olhos (o paralelo com a árvore se aplica também aos gestores que com ele trabalham).

Deve ser por essa razão que ele nunca deixa de acreditar no Brasil. Poderia ter se aposentado há muito tempo, mas continua investindo no país, sem recuar, sem querer ir morar em Miami, mesmo com todos os percalços pelos quais já passou.

Quero terminar este prefácio propondo dois novos desafios ao felizmente eterno aprendiz Abilio (eu sei o quanto ele gosta de ser desafiado). O primeiro é o de internacionalizar seus negócios e sua gestão, algo que ele começa a fazer com sua participação no Carrefour.

O segundo é o de gerar novos Abilios, a exemplo do que Jorge Paulo Lemann, do fundo 3G, sempre busca fazer. Abilio já cria novos líderes, sem dúvida, mas ainda não criou novos *Abilios*. Ele tem que seguir o exemplo de *Homem de Ferro 3*, em que Tony Stark desenvolve uma multidão de superarmaduras.

Abilio tem, a meu ver, esse desafio pessoal a vencer. Mesmo que ele não o faça, estou certo de que este livro inspirará o surgimento de novos *Abilios* entre os jovens gestores e empreendedores.

A história desse grande — e polêmico — empresário brasileiro nunca foi bem contada. Agora será. E o poder que isso tem é tão imprevisível quanto o poder do Homem de Ferro em permanente reconstrução.

José Salibi Neto
Cofundador da HSM

Capítulo 1

Os cinco dias que acabaram com a guerra

2 de setembro de 2013, segunda-feira

Passava pouco do meio-dia quando o antropólogo americano William Ury deixou seu quarto no hotel Mandarin Oriental, o número 251 da elegante rua Saint-Honoré, em Paris, e iniciou uma caminhada de quinze minutos em direção ao restaurante Laurent, um dos mais tradicionais da cidade. Lá, Ury, um prestigiado professor da Universidade Harvard e especialista em negociações, encontraria pela primeira vez o barão americano David René de Rothschild, representante de uma dinastia de banqueiros que começou a atuar no mercado financeiro europeu no século xix. Tudo o que dizia respeito ao almoço havia sido minuciosamente estudado por Ury. Para garantir mais privacidade à conversa, em vez de uma mesa no salão principal, foi reservada a sala Marigny do restaurante, com vista para os jardins da avenida Champs-Élysées. William Ury havia analisado o cardápio com antecedência, para não perder tempo em frente ao seu interlocutor selecionando um dos pratos — a escolha foi um *Carpaccio de daurade en vinaigrette citronnée.* Até mesmo seu traje havia sido motivo de debate. A princípio, ele planejara vestir terno sem gravata, mas a pequena equipe que o acompanhava na viagem — seu sócio David Lax, a advogada Flavia Almeida e a consultora de comunicação Cila Schulman (as duas representando a Península Participações, holding da família Diniz) — o convenceu de que a ocasião era formal e pedia traje social completo.

Nada, porém, exigiu tanta reflexão e preparo quanto o discurso que Ury faria a Rothschild. Da argumentação de Ury dependia o futuro de um dos mais proeminentes empresários brasileiros: Abilio Diniz, o homem que, ao longo de mais de cinco décadas, por meio de uma série de aquisições — das redes Casas Bahia, Ponto Frio e Sendas, entre outras —, transformara uma pequena doceria fundada por seu pai, em 1948, no Grupo Pão de Açúcar, a maior rede varejista do país, um colosso que, em 2013, faturaria 64,4 bilhões de reais.

Havia mais de dois anos que Abilio e Jean-Charles Naouri, presidente do grupo francês Casino e seu sócio no Pão de Açúcar, travavam uma disputa sangrenta pelo controle da companhia brasileira. Dezenas de banqueiros, advogados e consultores haviam sido contratados pelos dois lados para encontrar um caminho que encerrasse a briga. Até então, nenhuma iniciativa tivera sucesso. O almoço entre Ury e Rothschild seria a última tentativa antes do início da arbitragem conduzida pela Câmara de Comércio Internacional, marcada para uma semana depois — um processo custoso e longo, em que todos os envolvidos ficariam expostos ao escrutínio da banca responsável por encontrar uma solução para o impasse.

O almoço entre os emissários de Abilio e Naouri fora articulado por Candido Bracher, presidente do banco de investimentos Itaú BBA e amigo do empresário brasileiro. Em 12 de agosto, a pedido de Abilio, Bracher telefonara para Rothschild, homem de confiança de Naouri e membro do conselho de administração do Casino, perguntando se ele poderia receber Ury. Embora os banqueiros brasileiro e americano mantivessem uma relação respeitosa, não eram próximos. Bracher só havia se encontrado pessoalmente com Rothschild duas vezes, a primeira delas num jantar na casa de Rothschild, em Paris, para comemorar o acordo societário entre o Pão de Açúcar e o Casino, firmado em 1999 (na ocasião estavam presentes também os presidentes das duas redes de varejo). Anos depois, Bracher o reencontraria num jantar na casa de Pedro Moreira Salles, hoje presidente do conselho de administração do Itaú Unibanco.

Rothschild, que viajava em férias pela Normandia quando recebeu a ligação de Bracher, se comprometeu a pensar no assunto. Quatro dias depois, telefonou para o brasileiro, para avisar que aceitaria participar da conversa. Sugeriu duas datas: 29 de agosto ou 2 de setembro. Ury preferiu a segunda opção. Quando enfim se encontraram, naquela segunda-feira ansiosamente aguardada, foi Rothschild quem deu o primeiro passo:

— Por que você está aqui? — perguntou ele.

— Porque a vida é muito curta. Esse conflito não é bom para o Abilio, não é bom para o Jean-Charles, não é bom para as famílias, não é bom para o Pão de Açúcar, não é bom para as relações comerciais entre Brasil e França. Todo mundo perde — respondeu Ury.

— E o que você sugere? — inquiriu o banqueiro.

— Uma saída que leve em consideração dois princípios: dignidade e liberdade para que cada um possa fazer o que quiser daqui para a frente.

Os dois começaram, então, a discutir as premissas para encerrar uma sociedade que durava catorze anos, desde que o Casino injetara 854 milhões de dólares no Grupo Pão de Açúcar (GPA) em troca de uma fatia de 24,5%. No princípio, o relacionamento entre os sócios foi o melhor possível. Com o caixa reforçado, Abilio acelerou a expansão do grupo, cujo faturamento à época era de 4,3 bilhões de dólares. Os franceses assistiam a tudo de longe, limitando-se a opinar aqui e ali em reuniões do conselho de administração. Em 2005, o Casino fez um novo aporte, dessa vez de 890 milhões de dólares. Com isso, ficou com metade dos votos e 68,8% do capital total da holding que controlaria a CBD (Companhia Brasileira de Distribuição, a razão social do Pão de Açúcar). Deteria ainda outros 28% das ações com direito a voto na CBD, que ficaram fora da holding. Assim, totalizava direta e indiretamente 34% do capital total da CBD e se tornava seu maior acionista. O acordo previa que, em 2012, os franceses assumiriam o controle da varejista. Ainda segundo o documento, enquanto Abilio tivesse condições físicas e mentais de conduzir o Pão de Açúcar, poderia permanecer como presidente do conselho.

Foi com a proximidade da passagem do bastão que o relacionamento entre as partes começou a azedar. O ponto de inflexão se deu em 22 de maio de 2011, quando o semanário francês *Le Journal du Dimanche* revelou que o Grupo Pão de Açúcar negociava com o varejista francês Carrefour. Naouri, até então um desconhecido no Brasil, veio a público queixar-se de quebra de confiança. Segundo ele, a tentativa de compra era uma manobra de Abilio para diluir a participação do Casino no Pão de Açúcar e, assim, impedir a transferência de controle prevista para o ano seguinte.

O que se sucedeu foi a maior disputa societária já vista no país, um embate que, até setembro de 2013, havia custado a Abilio e Naouri algo em torno de 500 milhões de reais, somados os custos com advogados, banqueiros e consultores de toda sorte. Uma briga violenta protagonizada por dois homens de negócios com estilos completamente distintos. O brasileiro é um self-made man carismático, reconhecido pelo arrojo e agressividade nos negócios, profundo entendimento do varejo, certa dose de arrogância e propensão a reações viscerais. Naouri, nascido na Argélia e radicado na França, construiu a própria fortuna graças a sua genialidade financeira. Discretíssimo no trabalho e na vida pessoal, é um sujeito formal e cordial —, porém de uma frieza exasperante. Abilio é o homem dos holofotes, Naouri se mantém nas sombras. Na batalha pelo Pão de Açúcar, enquanto o primeiro parecia reagir movido pelo fígado, o segundo era absolutamente cerebral. Havia tempo que o que estava em jogo para os dois empresários não era apenas o futuro de seus maiores investimentos. Aquilo se transformara numa dilacerante disputa pessoal.

Ury sabia que, para sua proposta avançar, seria preciso superar diferenças, mágoas e rancores. Quando o almoço com David de Rothschild acabou, ele estava animado. "Este encontro está se encerrando de uma forma interessante", disse-lhe o banqueiro. "Vou transmitir ao Jean-Charles o teor da conversa e volto a falar com você." Ury retornou imediatamente ao hotel e ligou para Abilio, que se encontrava no escritório da Península em São Paulo. O empresário estava no meio de uma reunião e Ury teve apenas tempo de dizer que havia uma chance de as coisas se resolverem. Abilio não se empolgou de imediato. Estava escaldado com as intermináveis idas e vindas e pensou que aquela tentativa seria apenas mais um espasmo. Mesmo assim, combinou um novo telefonema com Ury, naquele mesmo dia, para discutirem a situação em detalhes.

Ury decidiu aproveitar a agradável tarde de final de verão para dar um passeio pelo Jardim das Tulherias, vizinho ao hotel em que se hospedava. Enquanto cruzava o parque, seu telefone tocou. Rothschild tinha algumas perguntas a fazer:

— Quando pretende voltar para os Estados Unidos?

— Meu plano é embarcar amanhã cedo.

— Você poderia remarcar seu voo e me encontrar amanhã para continuarmos a conversa?

— Sim.

— Você tem autonomia para discutir os detalhes financeiros do acordo?

— Acredito que sim.

Horas mais tarde, Ury se conectou por Skype com Abilio, que estava acompanhado da esposa, Geyze, e de poucos assessores. Ele recorda a conversa:

> *Foi difícil. Primeiro, porque é muito melhor falar com o Abilio quando ele está perto de você, e não a distância. Segundo, porque havia algumas interpretações equivocadas sobre certas questões, como um eventual desconto no preço das ações que ele venderia ao Casino. O time que o assessorava pensava que haveria alguma flexibilidade nesse sentido, mas Abilio foi enfático ao dizer que não. Foi uma lição para mim, porque é preciso realmente checar cada detalhe com ele para ter certeza do que quer, já que nem sempre ele diz de forma espontânea. Finalmente, acho que a possibilidade real de que estivéssemos alcançando um acordo foi um choque para ele. Você quer um acordo até que ele esteja próximo, e então você pensa: "Espera aí...". É natural, porque havia dois Abilios dentro dele [...]. Ele queria mesmo chegar a um acordo ou estava só a fim de continuar a briga?*

3 DE SETEMBRO DE 2013, TERÇA-FEIRA

WILLIAM URY CHEGOU AO ESCRITÓRIO do banqueiro David de Rothschild às duas da tarde para retomar a conversa do dia anterior. Pelos setenta minutos seguintes, os dois estariam sozinhos naquela sala para tentar chegar a um consenso.

Ury fora contratado por Abilio quatro meses antes, para representá-lo nas negociações com os franceses. Até então, seu interlocutor era o banqueiro Pércio de Souza, fundador da Estáter, uma das mais bem-sucedidas firmas de fusões e aquisições do Brasil. (Do lado do Casino também houve uma mudança na reta final: David de Rothschild substituiu Ricardo Lacerda, presidente do banco de investimentos BR Partners, que vinha trabalhando para os franceses desde agosto de 2012.) Desde que assumiu o leme, uma das prioridades de Ury foi tentar entender o que exatamente o empresário brasileiro queria e até onde ele estava disposto a ceder. Caminhante inveterado, Ury chegou a convidar Abilio para visitá-lo em sua residência, na cidade de Boulder, no estado americano do Colorado, para que eles percorressem trilhas nas montanhas da região. Ele acreditava que, se isolasse Abilio, seria mais fácil fazer com que o empresário se abrisse.

Em vez de viajar para os Estados Unidos, Abilio convidou Ury a vir ao Brasil. A ideia era que passassem juntos um final de semana na praia da Baleia, no litoral norte de São Paulo, onde a família Diniz mantém uma residência. Ury topou e no dia 3 de agosto fez uma longa caminhada pela praia paulista ao lado de Abilio. O empresário deixou evidente que havia um componente emocional muito forte naquela queda de braço. Para Abilio, o que estava na mesa não era apenas dinheiro, mas sua imagem, seu futuro e até mesmo seu legado. Ele tinha então 76 anos, mas, atlético e aparentando dez anos menos, nem remotamente pensava em aposentadoria. Sua saída do Pão de Açúcar não poderia ter sabor de derrota. Abilio sentiu-se tão à vontade com Ury (a quem ele chama de Bill) que, no final da noite de sábado, os dois compartilharam a Jacuzzi da casa, acompanhados dos filhos mais jovens de Abilio — Rafaela e Miguel, então com seis e três anos de idade, respectivamente.

Foi a conversa ocorrida na praia da Baleia que deu o tom da negociação entre Ury e Rothschild naquela terça-feira:

> *A disputa despertou uma atenção enorme da mídia e eu não queria que os jornalistas apontassem "quem ganhou". Para mim era importante ter um acordo simples, com poucos números, em que sobressaíssem os princípios*

básicos e a justiça. O plano era transformar aquela situação em que todos estavam perdendo num acordo em que todos ganhassem. Abilio fazia questão de sair com liberdade e havia uma cláusula de non-compete *que o impedia de atuar no varejo por 36 meses. Veja, quando se fala de liberdade, não adianta discutir se essa cláusula deve ser reduzida para 12 ou 24 meses. Liberdade significa zero mês. O mesmo acontecia com o valor pelo qual Abilio venderia as ações ordinárias. Até então havia um debate se o desconto deveria ser de 5% ou 10%* (o acordo de acionistas previa que, em caso de conversão das ONs da holding em PNs do GPA, a relação fosse de 1 ON para 0,915 PN). *Nós deixamos aquilo de lado e definimos que a relação de troca justa seria de uma ação com direito a voto* (ordinária) *por uma ação sem direito a voto* (preferencial), *sem desconto algum.*

Em contrapartida, Abilio teve que abrir mão de um ponto considerado até então inegociável: a sede da companhia, localizada na avenida Brigadeiro Luís Antônio, em São Paulo. Fora ali que, mais de cinco décadas antes, seu pai, Valentim dos Santos Diniz, abrira as portas de um pequeno comércio. Era um motivo comovente, mas nada pragmático — mudar o QG do Pão de Açúcar seria um transtorno enorme para o Casino. Abilio cedeu.

Ao final da reunião, Rothschild e Ury tinham esboçado o que seriam os sete pontos principais do acordo. Assim que deixou o escritório do banqueiro, Ury ligou para Abilio. Achava que as coisas avançavam depressa e sugeriu que o brasileiro tomasse um avião para Paris naquele mesmo dia (a diferença de fuso em relação a São Paulo era de cinco horas). A advogada Renata Catelan Rodrigues, sócia da banca que coordenava toda a assessoria jurídica prestada à Península, deixou seu escritório, na Zona Oeste de São Paulo, e rumou para o Aeroporto Internacional de Guarulhos. Embarcaria num voo com destino a Paris previsto para decolar no final da tarde. Abilio, porém, hesitou. Quando desligou o telefone, voltou-se para Geyze, que estava a seu lado, e disse:

— Eu já vi esse negócio antes. Não vai dar em nada. Estou voltando para a mesa de negociação depois de ter falado que não negociaria mais...

— A gente precisa negociar... Eu vou para casa fazer a mala e ficar um pouco com as crianças antes de a gente embarcar...

O descontentamento de Abilio não passou despercebido a Ury. O americano pensou numa maneira de aliviar a pressão. Ligou para Geyze e perguntou se Abilio se sentiria melhor se permanecesse em São Paulo. O plano de Ury era que ele próprio viesse para o Brasil, ficasse ao lado de Abilio e conduzisse a negociação com Rothschild a distância, por telefone. Geyze respondeu que esse arranjo certamente deixaria o marido mais confortável. Ato contínuo, Ury ligou para o banqueiro e ele topou a mudança. Agora era preciso acelerar. Ury, Cila e Flávia tinham menos de duas horas para desocupar seus quartos, desmontar o *war room* no hotel — uma suíte de quase 200 metros quadrados em que não faltavam *flip charts,* documentos espalhados pelas mesas e papéis colados nas paredes — e fazer *check-in* no Aeroporto Charles de Gaulle. A correria foi tamanha que a própria Geyze providenciou as passagens. Em paralelo, Renata, que àquela altura já chegava a Guarulhos, foi avisada de que o plano inicial tinha sido abortado. Ela devia retornar. Na manhã seguinte, uma reunião decisiva a esperava no escritório da Península.

4 DE SETEMBRO DE 2013, QUARTA-FEIRA

COMO DE COSTUME, Abilio acordou às 5h50. Ele dormira bem, com a ajuda de uma dose de melatonina, um hormônio responsável pela indução do sono (o empresário tem sempre à mão o remédio em três dosagens: 2, 3 e 5 miligramas). Atleta disciplinadíssimo, às seis horas já estava na academia que mantém em sua residência, no bairro paulistano do Jardim Europa, para o treino habitual de uma hora e meia de duração. Nem nos momentos mais tensos da longa disputa com os franceses ele abriu mão da sua rotina de exercícios. Por volta das oito horas, William Ury chegou a sua casa. O americano fora direto do aeroporto para conversar a sós com Abilio. Tomaram o café da manhã e rumaram para o escritório da Península, a menos de dez minutos dali, para uma reunião com o núcleo central do time do empresário.

Enquanto o grupo formado por Abilio e seus assessores mais próximos discutiria os termos de um possível acordo com o Casino, um batalhão de dez advogados — das bancas Ferro, Castro Neves, Daltro & Gomide; Debevoise & Plimpton; e Freshfields Bruckhaus Deringer — se reuniria em uma das salas do hotel InterContinental,, próximo à avenida Paulista. Desde segunda-feira eles trabalhavam em conjunto para preparar a defesa de Abilio para o processo de arbitragem, uma espécie de "justiça alternativa" cujo objetivo é resolver conflitos entre partes que não se entendem. (Os escritórios Wald Advogados; Barbosa, Müssnich & Aragão; e Mattos Filho, Veiga Filho, Marrey Jr. e Quiroga Advogados também estiveram envolvidos no conflito, em diferentes momentos da disputa.)

No lugar de magistrados, esses processos são analisados por árbitros, e sua decisão não pode ser contestada. No caso da briga entre Abilio Diniz e Jean-Charles Naouri — em que ambas as partes entraram com pedidos de arbitragem por motivos diferentes —, a expectativa era de que a decisão da Câmara pudesse levar até dois anos. Pelo lado do Casino, atuavam quatro bancas estrangeiras — Darrois Villey Maillot Brochier; Shearman & Sterling; Wachtell, Lipton, Rosen & Katz; e Weil, Gotshal & Manges — e três nacionais — Trindade Advogados; TozziniFreire; e Andrade & Fichtner Advogados. Era uma batalha jurídica com um número de pesos-pesados como raríssimas vezes se viu no Brasil. Os árbitros seriam o belga Bernard Hanotiau (indicado pelo Casino), o alemão Klaus Sachs (indicado por Abilio) e a suíça Gabrielle Kaufmann-Kohler (indicada por Hanotiau e Sachs como presidente do tribunal).

Uma das etapas mais delicadas da arbitragem seria o chamado *cross examination,* em que as testemunhas são sabatinadas pelos advogados do oponente e pelos árbitros. Pelo lado de Abilio, seriam inquiridos o empresário e sua primogênita, Ana Maria Diniz. Ela trabalhara com o pai por mais de uma década no Pão de Açúcar e acompanhara de perto as negociações com os franceses desde que eles se tornaram sócios da varejista. Pelo Casino, a única testemunha seria Jean-Charles Naouri. Como é de se imaginar, a preparação desses porta-vozes deveria ser estudada nos mínimos detalhes. Caso caíssem em contradição, poderiam colocar toda a estratégia de defesa em risco. Abilio e Ana Maria já haviam sido submetidos a duas simulações do *cross examination,* ambas na sede da banca Debevoise & Plimpton, localizada num elegante edifício em Nova York. O primeiro ensaio, de acordo com a advogada Renata Catelan, não fora exatamente animador:

Foi um desastre [...]. O Abilio é uma pessoa de improviso, mas nesse negócio não dá para não seguir o roteiro [...]. Ele precisava ler todas as entrevistas que deu para a imprensa, toda nossa estratégia de como abordar o assunto [...]. Era muita informação, e como já tinha se passado um ano e pouco do início da briga, ele não se lembrava de todos os detalhes; aliás, nenhuma pessoa iria lembrar [...]. Então, quando ele não lembrava, falava o que vinha na mente — e às vezes não era o que a gente tinha dito ao longo do processo [...].

A verdade é que os dois lados estavam desconfortáveis com a iminência da arbitragem. "Ia ser uma lavagem de roupa suja muito grande, muitos documentos seriam expostos, e isso não seria bom nem para o Abilio nem para o Jean-Charles", disse uma pessoa que acompanhou o processo de perto.

Nenhum dos advogados contratados por Abilio para a arbitragem sabia que havia um movimento paralelo para que se chegasse a um acordo —, exceto Luiz Antonio de Sampaio Campos, do escritório Barbosa, Müssnich & Aragão (BMA). Na tarde daquela quarta-feira, Renata Catelan mostrou a Sampaio Campos (conhecido como Totonho) a minuta em que ela e o advogado carioca Marcelo Trindade, representante do Casino, vinham trabalhando desde a véspera. A orientação era que a discussão do eventual acordo ficasse restrita ao menor número possível de envolvidos, tanto para evitar vazamentos quanto para garantir que o time que se preparava para a arbitragem se mantivesse 100% focado. Se Abilio e Naouri não chegassem a um entendimento, seria bom que a turma de advogados reunida no hotel InterContinental estivesse com toda a artilharia preparada.

5 DE SETEMBRO DE 2013, QUINTA-FEIRA

NAQUELA MANHÃ, ao ligar seu celular, Cila Schulman verificou que havia 37 chamadas perdidas. Todas tinham a Península como origem. Judia praticante, Cila havia desligado o aparelho por poucas horas enquanto estivera numa sinagoga para ouvir os 101 toques do Shofar — o ritual fazia parte do

Rosh Hashaná, a celebração do ano-novo judaico, que começara na véspera. A urgência para encontrar a consultora de comunicação se devia a uma reunião agendada para uma da tarde na Península. Dela participariam cerca de dez pessoas, entre elas, Abilio Diniz, Geyze e William Ury. O possível acordo com o Casino entrava em sua reta final.

O grupo trabalhou por mais de catorze horas. Não deixou a sala nem para comer. Saladas, pratos leves e sucos foram entregues pela Forneria San Paolo, restaurante de propriedade de João Paulo Diniz, segundo filho de Abilio, situado a poucas quadras dali. Mesmo num ambiente de tensão, Abilio não se desviaria da rigorosa dieta que segue há décadas. Enquanto os advogados trabalhavam na versão final do documento, Ury acertava os últimos detalhes por telefone com Rothschild, que permanecia em Paris.

Abilio se ausentou apenas por algumas horas, enquanto esteve no InterContinental, onde foi submetido a mais uma bateria de perguntas de preparação para a arbitragem. Marcelo Roberto Ferro, sócio da banca Ferro, Castro Neves, Daltro & Gomide e responsável por coordenar o trabalho daquele time de advogados, ainda não desconfiava da possibilidade de acordo. Era preciso não apenas ensaiar o que seria dito, mas também a postura que Abilio deveria assumir. Na primeira simulação do *cross examination,* por exemplo, o empresário mascava chicletes — um dos advogados teve que pedir que ele jogasse a goma fora. Ao final do segundo ensaio, porém, Ferro se mostrou satisfeito e confiante no desempenho do cliente. Abilio havia feito a lição de casa e se mostrava afiado, calmo e preciso. Por seu comportamento naquela tarde, era impossível desconfiar de que um acordo era costurado.

Encerrada a simulação, Abilio retornou para a Península. Só saiu de lá por volta das três da manhã, acompanhado de Geyze e Cila. Ele mesmo dirigiu o carro da esposa — um Mini Cooper. Deu carona para a consultora e foi para casa, sempre seguido por seus seguranças. Havia poucas horas para descansar antes de voltar ao escritório.

Seu adversário, Jean-Charles Naouri, desembarcara em São Paulo naquela quinta-feira e, como de praxe, se hospedara no hotel Fasano, um dos mais luxuosos da cidade. Assim como Abilio, estava tão pronto para assinar o tratado de paz quanto para encarar a guerra da arbitragem.

6 de setembro de 2013, sexta-feira

Passava das quatro da tarde quando o executivo Enéas Pestana, então presidente do Grupo Pão de Açúcar, foi chamado por sua secretária para atender a uma ligação "confidencial" do francês Arnaud Strasser, diretor internacional do Casino e homem forte de Naouri no Brasil. Durante toda a disputa entre os acionistas, coube a Pestana manter o Pão de Açúcar em rota de crescimento, evitando que a animosidade entre Abilio e Naouri contaminasse o desempenho da companhia.

Pestana deixou a sala que dividia com a diretoria do Pão de Açúcar, deu alguns passos, entrou na sala de reunião 1 e fechou a porta. Quando atendeu ao telefone, ouviu que Abilio e Naouri estavam a caminho da sede da varejista e que ele deveria reunir seus principais executivos. Os dois empresários iriam comunicar que haviam chegado a um acordo. A briga, que se arrastava havia anos, terminara. "Acho que fiquei um minuto mudo no telefone [...]. Não sei se fiquei em estado de choque, mas demorou para cair a ficha [...]. Eu pensei: 'Puta merda, acabou! Meu Deus do céu, acabou!'", lembra o executivo. Strasser acrescentou que Pestana deveria manter sigilo sobre a novidade. O executivo desligou o telefone, se recompôs e voltou para sua mesa como se nada tivesse acontecido.

Desde o início daquela sexta-feira, Abilio, Geyze e seus assessores mais próximos estavam reunidos no escritório de Renata Catelan. Geyze, uma morena esguia e de sorriso largo, 35 anos mais jovem que o marido, lembra como foram os momentos finais da costura do acordo:

> *A gente estava conseguindo acertar tudo, um cedendo daqui, outro cedendo dali, até que num ponto a conversa complicou. Eu me lembro da cena* [...]. *O Bill* (William Ury) *de pé, nós sentados, ele respira fundo e sai da sala para usar outro telefone e falar a sós com o David* (Rothschild) [...]. *Minutos depois o Bill volta e anuncia* "We have a deal" ("Nós temos um acordo") [...]. *Olhamos uns para os outros e começamos a bater palmas* [...]. *Fico emocionada só de lembrar* [...]. *Então os advogados foram redigir o texto*

final em diversas vias, inglês, português, francês [...]. Era tanto papel que, depois das inúmeras mudanças no contrato, eu ficava sempre checando se estávamos realmente assinando a última versão

À tarde chegaram ao escritório Jean-Charles Naouri e o advogado Marcelo Trindade. Fazia meses que o empresário francês e Abilio não se se encontravam. Depois que todas as páginas do acordo foram rubricadas, decidiram fazer uma foto para registrar aquele momento histórico. Como nenhum profissional fora contratado para a ocasião, Eduardo Rossi, CEO da Península, fez as vezes de fotógrafo.

Acompanhado de Renata e Geyze, Abilio entrou no carro que o levaria à sede do Grupo Pão de Açúcar. Aproveitou o trajeto para dar alguns telefonemas. Falou com Zeca Magalhães e Pedro Faria, da gestora de recursos Tarpon e seus sócios na BRF. Entre dezembro de 2012 e abril de 2013, Abilio havia comprado, direta e indiretamente, 3,58% da empresa brasileira de alimentos e se tornara presidente do conselho de administração (em abril de 2015, sua participação na BRF chegava a estimados 2 bilhões de reais). Em seguida, ligou para o advogado Marcelo Ferro, que o aguardava no hotel InterContinental para o último ensaio antes da arbitragem.

— Tenho uma notícia que você não vai gostar muito — falou.

— Você não vem pra cá?

— Não. Acabamos de fechar um acordo com o Casino e a Renata está levando aí para você.

— Pô, Abilio, que boa notícia.

— Mas você estava preparado para a arbitragem...

— É, estou me sentindo aqui como um jogador que assinou a súmula, aqueceu, alongou e o jogo acabou antes de começar. Mas fico feliz por você.

Foi a última vez que Abilio entrou no Pão de Açúcar como presidente do conselho de administração. Pelo acordo que acabara de assinar, ele deixava a função e trocava suas ações ordinárias na Wilkes, holding controladora, por papéis preferenciais do GPA. Feitas as contas, continuava com 8,9% do capital total do Pão de Açúcar (o equivalente a 2,3 bilhões de reais em ações na época), porém sem direito a voto. E, graças à melhor negociação na relação de troca entre ONs e PNs, calcula-se que tenha obtido um ganho de quase 160 milhões de reais. Definitivamente, não dava para dizer que havia sido um mau negócio.

Abilio parecia tranquilo. Ao lado de Jean-Charles Naouri, fez um pequeno pronunciamento para a diretoria do GPA: "Vocês sabem que existem três coisas que eu odeio: cebola, despertador e despedida. Então não vou fazer despedida. A companhia tem um novo controlador, que está aqui. Espero que vocês sejam felizes e continuem lutando pela empresa."

De lá, Abilio seguiu para a Casa do Saber, espaço de cursos na Zona Sul de São Paulo, onde haveria a coletiva de imprensa para anunciar o acordo. Dezenas de jornalistas estavam presentes. Naouri preferiu não participar do evento. "Este é o seu momento", teria dito a Abilio. A Máquina da Notícia, assessoria de imprensa responsável por coordenar o trabalho de comunicação de Abilio, colocou uma equipe de vinte profissionais para atender aos órgãos de mídia.

A última etapa do dia que mudaria para sempre a vida de Abilio Diniz foi um jantar em sua casa que reuniu William Ury, advogados, funcionários da Península e assessores. O encontro havia sido organizado dias antes e seria uma espécie de "boas-vindas" à equipe que participaria da arbitragem. O acordo com o Casino deu um tom mais festivo ao jantar — ainda que para alguns dos presentes o cancelamento da arbitragem significasse também o fim de um trabalho bastante lucrativo. "Vocês podem até estar meio frustrados, mas sabem o quanto eu lutei e o quanto esse negócio era importante. Acho que acabou tudo muito bem e a gente tem que celebrar", disse o empresário.

Deixar a companhia onde trabalhara por mais de meio século foi difícil, mas trouxe a Abilio certo alívio:

> *No dia seguinte fui para a Baleia e caminhei sozinho pela praia. Eu estava muito, muito mais leve. Era um dia bonito. Eu andava, olhava o mar e sentia uma paz enorme. Depois de tudo o que tinha vivido, a sensação de não ter mais que voltar para o Pão de Açúcar era muito boa. Puxa, segunda-feira não tem plenária (reunião semanal com todos os principais executivos da empresa), não tem nada, que delícia!*

Nos últimos tempos, ir para lá era um exercício de força de vontade, eu sentia como se tivesse que cumprir um dever. Ali, que era a minha casa, havia se transformado num lugar onde eu não era mais bem-vindo, cheio de pessoas que queriam me botar para fora [...]. *Depois que assinamos o acordo, nunca mais passei na frente do prédio da Brigadeiro, não tenho por quê.*

Demorei para entender que o Pão de Açúcar era uma empresa maravilhosa, mas que o verdadeiro Pão de Açúcar são os meus valores e a minha cultura — e isso eu carrego comigo. No momento em que isso entrou na minha cabeça de verdade, senti um alívio muito grande. Evidentemente essas tristezas, essas insatisfações, essas coisas todas foram trabalhadas na análise (Abilio faz terapia há mais de duas décadas). *Um dia eu estava numa sessão e aquilo se esclareceu para mim, foi como se uma cortina se abrisse e eu enxergasse que haveria um futuro e que o melhor do meu passado viria junto comigo* [...].

Agora eu tinha a Península e a BRF *para tocar. O melhor ainda estava por vir.*

Capítulo 2

Baixinho, gordinho e impopular

Valentim dos Santos Diniz tinha dezesseis anos quando deixou a aldeia de Pomares do Jarmelo, no interior de Portugal, em 1929, rumo ao Brasil. Ele embarcou na terceira classe de um navio que cruzou o Atlântico e atracou duas semanas depois na Baía de Guanabara, no Rio de Janeiro. A primeira coisa que o imigrante avistou foi o Pão de Açúcar. A imagem imponente do morro que se debruça sobre o bairro da Urca marcaria sua vida. De lá, a embarcação seguiu para o porto de Santos, no litoral paulista.

Valentim se estabeleceu na cidade de São Paulo, onde moravam alguns familiares. Foi no bairro paulistano do Paraíso que conseguiu seu primeiro emprego: balconista, no empório Real Barateiro. Mostrou que tinha talento como comerciante e depois de algum tempo se tornou sócio do mercado. Ali conheceu a jovem Floripes, também de origem portuguesa e cliente do estabelecimento, com quem veio a se casar no início de 1936.

Naquele mesmo ano, o casal investiu suas economias numa pequena mercearia na rua Vergueiro. Como não havia dinheiro para mais nada, tiveram que morar numa edícula nos fundos do terreno do comércio. Poucos meses depois, em 28 de dezembro, nascia naquela casinha o primogênito do casal: Abilio dos Santos Diniz.

Um ano após o nascimento do filho mais velho, Valentim abriu uma padaria. A atividade de comerciante prosperava, o que proporcionou ao pequeno Abilio uma infância confortável, ainda que sem extravagâncias. Fez o antigo primário (hoje ensino fundamental) no Externato Teixeira Branco, escola particular próxima de sua casa, na rua Tutoia, bairro do Paraíso. Não recebia mesada, apenas o dinheiro suficiente para pagar condução e lanche. Sua maior diversão nas férias era brincar na rua com amigos e vizinhos. Viagens eram artigo raro — no máximo para a casa de uma tia em Santos, num trajeto que o garoto percorria de ônibus.

Até os sete anos, desfrutou como filho único da atenção total dos pais — ainda que o casal, adepto de uma educação tradicional e rígida, evitasse mimar o garoto. Com o pai, Abilio aprendeu, por exemplo, que homem não chora (o ensinamento foi tão marcante que ele só viria a derramar as primeiras lágrimas já adulto, no consultório de um psicanalista). Floripes, como a maioria das mães da época, não hesitava em recorrer a umas palmadas quando o filho fazia traquinagens.

Em 1943, com o nascimento do irmão Alcides, a dinâmica da casa começou a mudar. Nos anos seguintes, Floripes e "seu" Santos (como Valentim Diniz ficaria conhecido) tiveram outros quatro filhos: Arnaldo, Vera Lucia, Sonia e Lucilia. "Eu tive um trauma pesado quando os meus irmãos começaram a vir", diz Abilio. Alguns dos programas que fazia com os pais, por exemplo, o primogênito passou a fazer sozinho. "Eu costumava ir à missa com a minha mãe, mas quando meus irmãos nasceram ela já não tinha tempo [...]. Em casa a gente não tinha empregada e ela precisava ficar com eles. Então eu ia à igreja sozinho, a pé, com 8 anos, o que não é muito comum para uma criança [...]." Por muito tempo Abilio se considerou uma espécie de "tio" dos outros cinco — a diferença de idade entre ele e a caçula, Lucilia, é de dezenove anos.

O relacionamento com os irmãos atingiria seu ponto mais crítico décadas depois, quando os filhos de Floripes e seu Santos entrariam numa disputa pública e ruidosa pelo controle do Pão de Açúcar.

***

Quem se depara com o físico invejável que o septuagenário Abilio Diniz exibe — 75 quilos distribuídos em 1,80 metro de altura — tem dificuldade de imaginar que na infância ele tenha sofrido com o excesso de peso. Baixinho, gordinho e não exatamente popular, ele se transformou no saco de pancadas preferido de alunos do colégio Anglo Latino, onde começou a estudar no primeiro ano do antigo ginásio. Chegar em casa machucado tornou-se rotina. A mãe, preocupada, cuidava dos ferimentos. O pai dizia que ele precisava aprender a se defender.

A primeira arma de Abilio para ganhar algum respeito dos colegas foi o futebol. Nas peladas que a turma jogava na Várzea do Glicério, região central de São Paulo, o garoto se mostrou um goleiro competente e dedicado. A paixão por esse esporte, aliás, o acompanha até hoje — Abilio é um são-paulino fanático, do tipo que raramente perde um jogo e que adora dar instruções aos técnicos do clube. Mas foi a prática de outras modalidades esportivas que transformou o garoto vítima de *bullying* (num tempo em que essa palavra sequer era conhecida) em um valentão sempre pronto para encarar uma briga.

Certo dia, caminhando pelo Centro de São Paulo, ele deu de cara com um prédio que tinha duas academias: a Zumbano, que oferecia aulas de boxe, e a Ono, com cursos de caratê, judô e capoeira. Abilio foi espiar o que acontecia nas salas de aula e percebeu que o fim de seus problemas com os "colegas" do colégio poderia estar ali. Decidiu que iria praticar todas as modalidades simultaneamente e colocaria um ponto-final nas surras que levava na rua. O fato de não guardar amigos da época do colégio talvez não seja mera coincidência:

> *Eu gostava de praticar esportes, me dedicava, e logo fui ficando forte* [...]. *Aí você se arrisca. O cara vem te bater e você bate nele. Eu peguei gosto por isso* [...]. *Dos 12 aos 14 anos, eu dei uma espichada, fiquei com a altura que tenho até hoje* [...]. *Pela primeira vez eu estava conseguindo me defender. Só que naquela coisa de sobrevivência, eu virei um bicho. Embora canalizasse muito da minha energia para o esporte, eu vivia brigando na rua* [...].

O temperamento mercurial acabou se tornando sua marca registrada mesmo na vida adulta. Era como se o garoto rechonchudo e introvertido ainda estivesse dentro dele, precisando se defender e se mostrar superior o tempo todo. Seu jeitão invocado estaria presente nas relações de trabalho, nas relações familiares e até no trânsito. Durante vários anos da sua juventude não era raro que discussões sobre "quem fechou quem" evoluíssem para cenas de luta livre, com direito a socos e safanões. Talvez a mais violenta tenha acontecido em 1970, quando ele viajava de carro com sua primeira esposa, Auriluce, e três dos quatro filhos — Ana Maria, João Paulo e Adriana (Pedro Paulo, ainda bebê, não estava presente). Ele dirigia pela rodovia Anhanguera, no interior paulista, e um motorista buzinava sem parar, pedindo passagem. Ao chegar ao pedágio — e ouvir outra buzinada —, Abilio desceu do carro e seguiu furioso em direção ao veículo atrás dele. Arrancou o condutor do assento e pôs-se a agredi-lo impiedosamente. "Minha mulher pulou em cima de mim para tentar me segurar [...] rasgou todo o pulôver que eu estava usando, mas conseguiu me fazer parar [...]. Eu era um cara muito mal-humorado naquela época." Tão mal-humorado e arrogante que nunca ligava a seta do carro — achava que não devia satisfações a ninguém sobre o caminho que iria seguir.

Depois de adquirir um mercadinho e uma padaria, Valentim dos Santos Diniz decidiu enveredar por outro ramo. Comprou dois imóveis na avenida Brigadeiro Luís Antônio e, a partir deles, construiu um pequeno prédio. Em dois andares, ergueu oito apartamentos. O térreo, como convinha a um bom comerciante, seria dedicado a um novo negócio, uma doceria. No dia 7 de setembro de 1948, o estabelecimento, decorado com azulejos portugueses, abriu as portas. Seu nome era Pão de Açúcar, homenagem à primeira visão de seu Santos quando aportou no Brasil.

Abilio, à época com doze anos, logo se habituou a circular por aquele ambiente. Ele via como o pai fazia as compras, atendia os clientes, administrava o pequeno negócio da família — e o admirava. A situação financeira dos Diniz já progredira um bocado e havia espaço para pequenos excessos, como a compra de um automóvel. O patriarca ficara tão exultante com a aquisição que, na primeira viagem que fez a Portugal com a família, levou o carro junto. Durante os quase seis meses em que lá permaneceu, desfilou orgulhoso com o possante por sua aldeia e arredores. A temporada prolongada na Europa fez com que Abilio perdesse o ano na escola — a única vez em que repetiu de ano.

Ao terminar o que hoje equivaleria ao ensino fundamental, Abilio foi cursar o antigo científico (atual ensino médio) na Mackenzie. Sua ideia era, na sequência, matricular-se na graduação de economia na mesma instituição. Os planos começaram a mudar numa conversa com um amigo no caminho entre o colégio e sua casa. Dentro do ônibus que subia a rua da Consolação, o colega comentou que pretendia estudar administração de empresas para ajudar o pai a tocar o negócio da família, uma fábrica de geladeiras industriais. Abilio ficou intrigado e decidiu ir pessoalmente até a novata Fundação Getulio Vargas (FGV) — primeira do gênero no país —, para entender melhor o que seria aquilo. "Pô, isso aqui é uma economia de empresas, em vez de ser uma economia de país. É capaz de dar mais dinheiro", pensou, depois de ler um folheto informativo sobre o curso. "Se eu não vou conseguir dirigir um país, quem sabe consigo dirigir uma empresa." O jovem começava a sonhar em ser não o dono de uma companhia, mas um grande executivo.

Seu primeiro desafio foi aprender inglês. A FGV tinha um acordo com a Universidade de Michigan que previa que seus professores fossem orientados pelos americanos. Em alguns casos, eram os próprios americanos que davam as aulas. Por conta disso, a fluência no idioma estrangeiro era um item importante no vestibular. Abilio já tinha feito algumas aulas de inglês na adolescência, mas estava longe de dominar a língua. Precisou correr para compensar o atraso. "Tinha um professor particular que me dava aula todo dia, mas eu estudava sozinho depois. Varei muitas noites porque sabia que aquele seria meu ponto fraco na avaliação e precisava superá-lo", conta ele. Em 1956, depois de aprovado no vestibular com doze candidatos por vaga, Abilio se tornou aluno da segunda turma da história da faculdade.

O contato com aquele mundo novo e tão mais amplo que a doceria do pai teria profunda influência sobre Abilio. Ele adorou o ambiente acadêmico, teve contato pela primeira vez com a realidade de grandes companhias e, de quebra, passou a encarar a FGV como um celeiro de talentos, onde viria a recrutar alguns dos executivos que trabalhariam no Pão de Açúcar. Entre seus colegas de faculdade, dois se tornariam peças-chave na trajetória da empresa: os irmãos Sylvio e Luiz Carlos Bresser-Pereira.

Ainda na faculdade, Abilio casou-se pela primeira vez. A escolhida foi Auriluce, com quem namorou por quase sete anos. Ele a havia conhecido aos quinze anos, numa festa de aniversário de uma de suas primas (as duas estudavam no colégio Imaculada Conceição). Assim que colocou os olhos nela, Abilio se encantou. Auri era uma menina bonita e doce, menos de um ano mais jovem que ele. Rapidamente engataram um namoro, mas o relacionamento entre os adolescentes obedecia às regras rígidas do pai da garota. Por muito tempo apenas conversas no portão da casa de Auri eram permitidas — ela, do lado de dentro, e ele, do lado de fora. Quando não havia adulto olhando, o jovem aproveitava para pegar na mão da namorada. Como convinha a uma moça de bom comportamento, Auri não o deixava avançar o sinal. "Sempre fui um romântico, um cara de me apaixonar, tanto que me apaixonei por ela e me casei [...]. Claro que havia outras meninas, um pouco de farra, como um garoto normal [...]. Mas era com ela que eu queria me casar", diz ele.

No verão, os namorados desciam a serra em direção ao litoral paulista — não juntos, claro. A família Diniz havia comprado um apartamento na rua Jacob Emmerich, em São Vicente. Os pais de Auri tinham um imóvel praticamente em frente. Um dos frequentadores mais assíduos da casa dos Diniz era Antonio Carlos Ascar, um garoto bom de papo que conhecera os irmãos de Abilio, Alcides e Arnaldo, na praia. Entre jogos de vôlei na areia e manhãs praticando esqui aquático na ilha Porchat, eles se tornaram amigos. "Era um apartamento de quatro quartos. Num deles ficavam os pais do Abilio. Em outro, uma prima deles. O terceiro era dividido pelas irmãs. No último, onde havia dois beliches, dormíamos nós quatro", conta Ascar. Anos depois, enquanto cursava a FGV, Ascar seria contratado para trabalhar no Pão de Açúcar.

No dia 17 de maio de 1960, na Igreja da Imaculada Conceição, localizada na avenida Brigadeiro Luís Antônio, Abilio e Auri se casaram. A noite de núpcias foi no hotel Othon, em São Paulo. De lá, os jovens seguiram para uma lua de mel de quatro meses pela Europa e pelos Estados Unidos. Tudo muito romântico, não fosse um detalhe. Do roteiro traçado por Abilio não constavam apenas lugares históricos, museus e paisagens deslumbrantes para embalar os recém-casados apaixonados. Ele aproveitou a oportunidade para conhecer em detalhes todo tipo de loja que via pela frente.

Capítulo 3

Copiar, copiar, copiar

No final dos anos 1950, sob o governo de Juscelino Kubitschek, o Brasil vivia uma fase de prosperidade econômica. Diante de um plano de metas ousado e de uma política de desenvolvimento guiada pela substituição de importações, o país cresceu a uma taxa média de 8% ao ano. Multinacionais, sobretudo de origem americana, se instalaram no país. Os investimentos públicos se intensificaram. O setor industrial passou a representar 33,2% do PIB em 1960, contra 26,6% apenas quatro anos antes. A população urbana, que correspondia a 36% da total no início da década, atingiu 45% no final.

Era nesse cenário que o jovem Abilio Diniz se formaria como administrador de empresas. Apesar da condição aparentemente favorável no país, ele tinha planos que passavam longe do Brasil. Trabalhar na doceria do pai era algo que não tinha intenção de fazer. Embora o negócio pagasse as contas da família, aquilo não lhe parecia atraente. Seu sonho era seguir a carreira acadêmica no exterior. Ele queria concluir a FGV e fazer uma pós-graduação na Universidade de Michigan. Depois, seria professor.

Estava tudo encaminhado para que Abilio se mudasse para os Estados Unidos assim que pegasse seu diploma, quando uma conversa com seu Santos alterou seus planos. O pai sempre o apoiou nos estudos e sentia orgulho em ter um filho universitário. Costumava chamá-lo carinhosamente de "doutor". Mas estava aflito por ver o filho partir, sobretudo porque não sabia quando e se Abilio retornaria ao Brasil. Para convencê-lo a ficar, seu Santos apelou para uma das características marcantes do primogênito: a ambição.

Se Abilio não tinha interesse por padarias ou mercearias, o jeito era atraí-lo para um projeto maior. De supetão, seu Santos lhe perguntou o que achava de ter um supermercado. Abilio estranhou. A princípio, pensou que aquilo fosse apenas um eufemismo para descrever uma loja de maiores dimensões. O pai explicou então que se tratava de algo diferente dos pequenos comércios a que estavam acostumados, não apenas em tamanho e número de itens na prateleira, mas também no modelo de funcionamento.

Para convencê-lo, seu Santos o levou até uma unidade do Peg-Pag localizada na rua Joaquim Floriano, esquina com avenida São Gabriel, no bairro do Itaim (muitos anos depois, com a compra do Peg-Pag pelo Pão de Açúcar, essa mesma loja faria parte do império da família Diniz). Abilio viu pela primeira vez o que era o autosserviço. Até então, os clientes que frequentavam as mercearias e vendas de bairro eram atendidos por funcionários no balcão. Em geral, entregavam suas listas de compras e recebiam os mantimentos e produtos de limpeza de que precisavam. No supermercado, o funcionamento era diferente. O consumidor podia circular livremente pelos corredores e pegar direto das gôndolas os produtos que lhe interessavam. Bastava colocá-los num cesto ou carrinho e passar no caixa para pagá-los.

Àquela altura, o autosserviço ainda engatinhava no Brasil. Eram tempos em que a palavra "varejo" mal existia — tudo era chamado de "comércio". O primeiro supermercado do país, uma unidade do Sirva-se, fora inaugurado em São Paulo em 1953 (a rede também seria incorporada pelo Pão de Açúcar no futuro). As redes pioneiras começavam a se estabelecer. O Peg-Pag já somava oito lojas. A fluminense Disco também se aproximava de uma dezena de unidades, todas no Rio de Janeiro.

As iniciativas brasileiras operavam num modelo semelhante ao da rede americana King Kullen, fundada pelo empresário Michael Cullen em 1930. Foi ele quem primeiro percebeu que o autosserviço era um modelo mais prático para o consumidor e, de quebra, reduzia os preços cobrados nos armazéns tradicionais (a varejista mais famosa do planeta, a Walmart, só seria fundada mais de três décadas depois, em 1962, no estado americano do

Arkansas). Aos olhos de Abilio, o que ele testemunhava no Sirva-se ou no Peg-Pag, inspirado nas lojas estrangeiras, parecia uma revolução. "Aquilo virou minha cabeça [...]. Percebi que daquele jeito seria possível fazer uma empresa grande", diz ele.

Em abril de 1959, o Pão de Açúcar inaugurou seu primeiro supermercado. Oito meses depois, Abilio concluiu a graduação na FGV. A ideia da viagem para a Universidade de Michigan foi engavetada. Quando recebeu seu diploma de administrador, Abilio já havia começado a dar expediente no negócio da família.

O paulistano Luiz Carlos Bresser-Pereira, ex-ministro da Fazenda no governo José Sarney, ex-ministro da Administração e Reforma do Estado no primeiro mandato de Fernando Henrique Cardoso e ex-ministro de Ciência e Tecnologia no segundo governo de FHC, tinha apenas uma certeza quando concluiu o curso de direito na Universidade de São Paulo, em 1957: não trabalharia como advogado. Por isso, quando seu irmão Sylvio Luiz, colega de turma de Abilio Diniz na FGV, lhe avisou que a faculdade estava selecionando professores, o recém-formado se empolgou. A atividade acadêmica parecia mais promissora que os empregos que tivera até então — jornalista de um diário de pequeno porte e redator na agência McCann Erickson. Prestou concurso na instituição e em 1959 foi contratado como auxiliar de ensino.

No ano seguinte, viajou para os Estados Unidos, onde se especializou em administração de empresas na Universidade de Michigan. Ao retornar ao Brasil, começou uma dupla jornada de trabalho. Dedicava parte do dia às atividades como professor da FGV e, das cinco da tarde às sete da noite, dava expediente na agência de propaganda interna da Ultralar, rede de lojas de departamentos criada em 1956 pelo empresário Ernesto Igel.

Por intermédio do irmão, Luiz Carlos se tornou amigo de Abilio Diniz. Em 1963, ele se ofereceu ao jovem empresário para ser o responsável pela propaganda da inauguração da segunda loja do Pão de Açúcar, no bairro de Higienópolis. Cuidou da produção dos folhetos que seriam distribuídos na vizinhança e preparou um anúncio para um jornal local. A parceria deu tão certo que, no final daquele mesmo ano, seu Santos e Abilio o convidaram para trabalhar na empresa. Luiz Carlos disse que só aceitaria o convite se pudesse dar meio expediente, já que não estava inclinado a deixar a FGV. Abilio e o pai concordaram com a exigência um tanto incomum. Durante quase duas décadas, Luiz Carlos seria diretor administrativo do Pão de Açúcar (ao longo desse período ele se ausentaria da empresa por duas temporadas para exercer cargos no governo). Ele recorda os primeiros anos:

> *A empresa era muito pequenininha ainda [...]. Foi a partir da aquisição do Sirva-se, em 1965, que deu um salto. Eu passei por várias diretorias: administrativa, marketing, pessoal, expansão. O Abilio sempre cuidou das finanças, do comercial e da operação. Foi só quando os irmãos cresceram que ele deixou o comercial e a operação para os outros cuidarem [...]. De forma que durante muitos anos fomos nós que fizemos o Pão de Açúcar. Nós dois. O seu Santos nos dando a bênção, o que era bom, mas a liderança sempre foi do Abilio. Tanto que quando o negócio dos supermercados tomou forma, com a inauguração da segunda loja, ele ganhou do pai 16% da empresa. Abilio nasceu pra ser empresário.*

Essa fase inicial, como geralmente acontece, exigiu trabalho duro, paciência e muita disciplina. Entre a inauguração da primeira unidade e a de Higienópolis passaram-se quatro anos. O letreiro um tanto pomposo instalado na fachada das duas lojas — Supermercados Pão de Açúcar/Rede Paulista de Supermercados — sugeria uma "cadeia", mas foi necessário algum tempo para que o Pão de Açúcar de fato se espalhasse pelo estado.

Para crescer, os Diniz tiveram de abrir mão de algumas convicções. Entre elas, a de que o Pão de Açúcar precisaria ser dono de todos os terrenos em que instalasse supermercados e que deveria, ele mesmo, construir suas lojas. Embora parecessem razoáveis, essas premissas tomavam tempo e dinheiro. Abilio tinha pressa. Por isso ficou de olho em outras oportunidades para acelerar a expansão. A terceira unidade da rede, localizada na praça Roosevelt, surgiu da aquisição de um concorrente falido. A quarta, situada ao lado de uma igreja na avenida Brigadeiro Luís Antônio, foi erguida num terreno alugado dos padres vizinhos. Ao aproveitar oportunidades desse tipo, no final da década de 1960, o Pão de Açúcar já somava mais de sessenta lojas em dezessete cidades.

Entre uma inauguração e outra, Abilio viajou para os Estados Unidos a convite da Carnation, antiga dona do Leite Glória. A fabricante havia organizado para ele uma espécie de estágio rápido em uma rede de supermercados da Califórnia. De lá, Abilio seguiu para a Universidade de Dayton, em Ohio, para participar de um curso de marketing Numa aula ouviu um professor falar de uma promissora rede francesa chamada Carrefour, que havia inaugurado em 1963, nos arredores de Paris, seu primeiro hipermercado. Tratava-se de um gigante com 2.500 metros quadrados, doze caixas registradoras e estacionamento para quatrocentos carros. Como era de seu feitio, o jovem brasileiro ficou curioso para ver de perto a companhia europeia.

Abilio sempre foi adepto de uma regra para impulsionar o crescimento de sua empresa: copiar, copiar, copiar. Num tempo em que *benchmark* era um termo quase desconhecido no Brasil, ele não hesitava em "se inspirar" nos concorrentes. Primeiro, em redes brasileiras como Peg-Pag e Sirva-se. Depois, em exemplos internacionais. Era comum que viajasse para a Europa e os Estados Unidos em busca de referências e novidades para o Pão de Açúcar — de novas formas para expor os produtos nas gôndolas a processos mais eficientes para controle dos estoques.

Luiz Carlos Bresser-Pereira era seu companheiro habitual nessas viagens. Foi ele quem embarcou com Abilio para Paris em 1967 a fim de conhecer Marcel Fournier, cofundador do Carrefour. Empresário bem-sucedido e conhecido em seu país, Fournier recebeu a dupla de jovens brasileiros para um almoço em sua casa. Em seguida, levou-os para conhecer uma loja. Empolgado, detalhou o passo a passo da operação. "Para mim ele era só mais um homem interessante, mas o Abilio ficou fascinado com tudo aquilo", relembra Bresser-Pereira.

Quatro anos depois da visita a Fournier, o Pão de Açúcar inauguraria seu primeiro hipermercado no Brasil, com a bandeira Jumbo. O local escolhido foi um terreno ao lado de uma estação de trem em Santo André, no ABC paulista. Abilio buscava uma região com tráfego intenso — tanto de carros quanto de pedestres. Tratava-se de um investimento enorme para a empresa, já que erguer um hiper custava até oito vezes mais que um supermercado.

Tudo nesse Jumbo era superlativo. Em um terreno de 35 mil metros quadrados, um colosso de 9.500 metros quadrados de área construída somava oito quilômetros de corredores. Quase 50 mil itens estavam à disposição dos clientes, que, ao final, podiam escolher uma das 34 caixas registradoras para passar suas compras. O estacionamento tinha capacidade para oitocentos carros. Para os consumidores brasileiros, colocar sob o mesmo teto itens como cebola, batata, alface, terno, camiseta, fogão e geladeira era algo inimaginável. A novidade era de tal magnitude que até o então ministro da Fazenda, Antônio Delfim Netto, compareceu à inauguração.

Na busca por novidades no exterior, Abilio e Bresser-Pereira desembarcaram anos depois na Suécia. Eles estavam construindo um hipermercado de dois andares no Brasil e ouviram falar de uma loja sueca que contava com uma esteira rolante capaz de levar clientes e carrinhos de compras de um andar para outro. Chegaram a Estocolmo e de lá seguiram para uma cidade localizada a cerca de 100 quilômetros da capital para conferir o funcionamento da engenhoca. Gostaram tanto do equipamento que Abilio encomendou um ao fabricante.

> *Sempre fui ver de perto tudo o que podia, sempre quis conhecer mais. A frase "Quero ser melhor amanhã do que fui hoje" nunca foi apenas retórica para mim. Estive em quase todas as redes da Europa. Conheço profundamente o varejo nas principais regiões dos Estados Unidos. Fui ver até como operavam redes em países distantes como Rússia e China* [...]. *É difícil falar um negócio desses, mas deve existir muito pouca gente no mundo que visitou tanta loja de supermercado quanto eu.*

Àquela altura, o Pão de Açúcar começava a ser reconhecido como uma importante rede varejista brasileira e ensaiava os primeiros passos no exterior. A estreia se deu em Portugal, em 1969, com a abertura de um supermercado em Lisboa. Na sequência, o grupo chegaria também a Angola e Espanha. Abilio Diniz já era um empresário conhecido, que circulava com desenvoltura por Brasília e se tornara interlocutor frequente de jornalistas. Era jovem, bonito, bem-sucedido e se vestia com ternos alinhados. Nas horas de folga dedicava-se a esportes como motonáutica e automobilismo

— conquistou o tricampeonato brasileiro de motonáutica em 1968, 1969 e 1970 e venceu as Mil Milhas de Interlagos, uma das provas mais tradicionais do automobilismo nacional, em 1970, com o irmão Alcides. Seu entusiasmo com os esportes era tamanho que chegava a participar de campeonatos de modalidades diferentes num mesmo final de semana. Certa vez, em setembro de 1970, ele treinou numa sexta à tarde para participar dos 500 Quilômetros de Interlagos, dirigindo seu Alfa Romeo GTA branco, número 23 — a prova seria no domingo à tarde. Aproveitou as manhãs de sábado e domingo daquele mesmo final de semana para participar do Campeonato Brasileiro de Motonáutica, pilotando seu barco na represa de Guarapiranga, em São Paulo, a mais de 170 quilômetros por hora.

O empresário e dublê de atleta era também irascível, arrogante e vaidoso. Acostumara-se a usar a voz tonitruante e o porte altivo para distribuir ordens e broncas a quem se aproximasse — funcionários ou não. Pessoas que o conheceram nessa época dizem que ele não "falava" com as pessoas — "rosnava". Julgava-se invencível.

Capítulo 4

O elefante engole a baleia

Nos anos 1970, trabalhar no setor de supermercados não era exatamente uma carreira com que jovens recém-formados em faculdades de prestígio sonhavam. Até o fim da década anterior, não havia mais do que mil lojas do tipo no país. Como o ramo era dominado por pequenas empresas familiares, em geral com atuação regional, quem completava o ensino universitário optava pelas grandes indústrias ou pelos bancos brasileiros, onde parecia haver mais oportunidades de crescimento. Era um tempo em que a população abastecia a despensa nas mercearias e nos armazéns de bairro, os clientes eram atendidos por balconistas e os pagamentos eram anotados em cadernetas (muitos dos consumidores tinham "conta" nas lojas e faziam os acertos uma ou duas vezes ao mês). Apenas 26% dos gêneros alimentícios consumidos pelas famílias eram comprados em supermercados, indicador que saltaria para mais de 80% nos anos 1980.

Já fazia tempo que Luiz Carlos Bresser-Pereira perguntava aos seus alunos da FGV quem gostaria de fazer estágio no Pão de Açúcar. Poucos se animavam. Um dos primeiros a topar foi Antonio Carlos Ascar, próximo da família Diniz desde a adolescência. Ele começou a trabalhar na rede de supermercados em 1965, como assistente da diretoria, e lá permaneceu até 1996 — saiu como diretor de Novos Negócios. Se quisesse atrair mais jovens formados em boas faculdades, o Pão de Açúcar precisaria ter algo mais estruturado — e não apenas a sondagem informal que Bresser-Pereira fazia aos alunos.

A varejista criou seu primeiro programa de *trainees* no final da década de 1970. Foi uma das pioneiras entre as empresas do setor (a subsidiária brasileira do Carrefour, por exemplo, até hoje não conta com uma iniciativa desse tipo). O "celeiro" preferencial para a busca dos jovens talentos era a FGV — quatro formandos do curso de administração de empresas foram selecionados para o programa. Um deles foi o paulistano José Roberto Tambasco, cujas únicas experiências de trabalho até então haviam sido um estágio de seis meses em uma pequena empresa do setor público e a administração das lanchonetes e do restaurante do centro acadêmico da FGV. Tambasco se tornaria um dos profissionais mais longevos da história do Pão de Açúcar, com quase 35 anos de convivência com Abilio (deixou a companhia em julho de 2014, depois da saída do próprio empresário).

Ao ingressar no Pão de Açúcar, o jovem se deparou com um cenário inesperado. Ainda que quase 85% das receitas viessem das vendas dos supermercados e hipermercados, o grupo somava mais de trinta empresas que atuavam em ramos diferentes, como uma agência de turismo, uma concessionária de motocicletas, uma rede de lanchonetes (a Well's) e até uma unidade dedicada à venda de equipamentos agrícolas. Como *trainee,* Tambasco passou por todos esses empreendimentos, mas o objetivo era que os jovens fossem, ao final, destacados para a área de operações, o centro nervoso de qualquer varejista. "Até então, quem chegava ao topo dessa área era gente que tinha nascido' em loja e passado por todos os cargos — operador, supervisor etc. — até chegar a diretor. O que o Pão de Açúcar queria na época era trazer gente com um perfil diferente e mudar um pouco a cara do varejo", conta Tambasco.

No início, o recém-formado tinha pouco contato com o chefe. Foi só depois de alguns anos e de avançar alguns degraus na carreira que Tambasco começou a ter relação direta com Abilio:

> *Em 1985 passei a fazer parte da diretoria de vendas do grupo, que incluía todas as bandeiras — Pão de Açúcar, Peg-Pag, Jumbo —, e nessa*

área cuidávamos de toda a estratégia de preços, de vendas e de campanhas. Foi aí que comecei a me aproximar do Abilio. Toda a definição de metas de vendas tinha que ser aprovada por ele, que em geral considerava a meta baixa e dizia que podia ser aumentada. Ele controlava tudo muito de perto, acompanhava as vendas dia a dia, sabia de cabeça os principais números do histórico. Tinha o controle de cada detalhe do negócio. Nessas conversas era sempre absolutamente focado, formal, seco até. O Abilio nessa época era muito pouco acessível, mesmo para os diretores executivos. E todo mundo na empresa o chamava de 'doutor', algo que ele só foi abolir lá pelo ano 2000 [...].

O Abilio, apesar de já ser um grande empresário quando comecei a conhecê-lo melhor, não tinha a mesma origem do pessoal da Fiesp (Federação das Indústrias do Estado de São Paulo), aquelas famílias tradicionais como os Ermírio de Moraes, os Bueno Vidigal [...]. Quem eram os varejistas da época? O Pão de Açúcar, o Peralta, o Barateiro, todos de famílias que não tinham a tradição das da Fiesp [...]. Não acho que ele (Abilio) *sentia vergonha de ser comerciante, mas de certa forma ele também queria ser equiparado a esses outros empresários [...].*

O Pão de Açúcar que Tambasco encontrou havia crescido de forma acelerada tanto pela aquisição de redes concorrentes quanto pela abertura de novas lojas. Abilio sempre fez questão de aprovar pessoalmente cada um dos pontos onde a empresa planejava erguer um supermercado. Para isso, não economizava sola de sapato. "Aprendi que as razões do sucesso de um supermercado são localização, localização, localização. Se você erra no layout, no mix de produtos, no preço, sempre dá pra consertar. Mas, se abrir uma loja no lugar errado, está ferrado", diz ele.

Além da intuição, Abilio se valia de uma metodologia própria. Mandava contar quantas casas havia num raio de 500 metros da loja, quantos carros passavam na rua. Pedia também pesquisas sobre os hábitos de compras dos moradores próximos. "Sempre dei muita importância ao entorno. Por isso fizemos muitas lojas em prédios e terrenos mais caros, mas sempre junto ao público ou em vias de fácil acesso. Se você olhar os primeiros hipermercados do grupo e comparar com os do Carrefour ou do Walmart, vai ver que os do Pão de Açúcar eram muito mais centrais", explica.

Abilio seguia nessa época uma rotina para acompanhar o desempenho das lojas já abertas. Toda sexta-feira à tarde pegava seu carro e, ao lado de dois ou três executivos, fazia visitas surpresa a algumas unidades. O hábito de verificar in loco a condição dos supermercados nunca foi abandonado, mas ex-executivos do Pão de Açúcar contam que, com o passar das décadas, os gerentes das lojas eram avisados antecipadamente da chegada do "Doutor Abilio", o que lhes dava tempo para preparar o terreno.

A segunda frente de expansão, a das aquisições, garantia ao grupo um avanço ainda mais rápido. Em 1976, o Pão de Açúcar deu sua maior tacada ao comprar a rede Eletroradiobraz. A Eletro era a segunda maior rede de supermercados e hipermercados do país, com faturamento cerca de 20% menor que o do Pão de Açúcar. A aquisição, portanto, tinha potencial para mudar a cara do setor — e deixar a empresa do clã Diniz isolada na primeira colocação. A revista *Exame* estampou em reportagem da época que essa aquisição "tinha proporções comparáveis ao impacto que teria no setor automotivo a compra da Ford pela Volkswagen, ou, no setor financeiro, se o Bradesco comprasse o Itaú".

Fundada nos anos 1940, a Eletroradiobraz abrira seu capital na década de 1970 e investira pesadamente na construção de hipermercados. A concorrência com o Jumbo, do Pão de Açúcar, que inaugurara o segmento no Brasil, era direta. A rede de Abilio Diniz tinha como mascote um elefante; a Eletro escolheu uma baleia. O problema foi que a disputa com o Jumbo se tornou cara — e a Eletro começou a se perder diante dos altos investimentos em propaganda, marketing e construção de lojas. As dificuldades logo cobraram um preço. "Eles pegaram muito dinheiro do BNDE (Banco Nacional de Desenvolvimento Econômico, que passaria a se chamar BNDES — Banco Nacional de Desenvolvimento Econômico e Social — a partir de 1982), e a financeira do grupo estava 'pendurada' no Banco Central", lembra Abilio.

Foi quando o então presidente do BNDE, Marcos Vianna, procurou o economista Roberto Teixeira da Costa, amigo de Abilio (e que viria a se tornar o primeiro presidente da Comissão de Valores Mobiliários, em 1977). A ideia era que ele o ajudasse a convencer o Pão de Açúcar a comprar a

Eletro. Em pleno governo Ernesto Geisel, a percepção era de que a Eletro havia se tornado uma empresa grande demais para quebrar. Era melhor achar uma solução do que deixar milhares de funcionários e centenas de fornecedores na mão.

Quando soube da oferta, seu Santos foi radicalmente contra. "Nem pensar! A Eletro é muito grande, isso vai dar errado", protestou o patriarca. Abilio ignorou a observação do pai. Foi a campo visitar as lojas da concorrente e examinar de perto os números, numa forma um tanto rudimentar de *due diligence* (processo de investigação e auditoria nas informações de uma empresa antes de sua venda). Depois de aferir tudo, ajudado por Bresser-Pereira, abriu uma longa negociação com o BNDE. A situação era difícil, porque Abilio teria que assumir uma empresa endividada e precisaria da ajuda do governo para ter capital de giro. "Eu dependia de financiamento, e não havia banco nenhum que fosse me dar dinheiro, porque, naquela altura, a aposta não era *se* eu ia quebrar com a aquisição da Eletro, mas *quando* isso iria acontecer. Naquele tempo eu já tinha uma boa torcida contra [...]. O Abilio de hoje é um padre, mas lá atrás era encrenca, brigava com todo mundo", diz o empresário, falando de si mesmo na terceira pessoa, como faz com frequência. No final das contas, o BNDE emprestou o dinheiro necessário.

Fechada a negociação, chegara a hora de incorporar a Eletroradiobraz ao Pão de Açúcar. Abilio não contava com consultorias para ajudá-lo. Ele e seus executivos é que tinham de definir e executar a estratégia. A sede da Eletro ficava no largo Santa Cecília, no centro de São Paulo, e ocupava quase 12 mil metros quadrados de um enorme edifício que antes pertencera ao magazine Clipper (loja de departamentos inspirada na francesa Galeries Lafayette, que fizera sucesso no Brasil anos antes, mas havia encerrado as atividades).

Num tempo em que praticamente não havia tecnologia disponível, o controle dos estoques e o fechamento das contas de cada caixa exigia um trabalho monumental. No dia seguinte à assinatura da venda da Eletro, todas as suas unidades foram "desconectadas" da antiga sede e "conectadas" ao prédio do Pão de Açúcar na Brigadeiro Luís Antônio. No jargão do comércio isso significava que cada fita de caixa registradora das lojas da Eletro seria enviada por malote para a central do Pão de Açúcar. Lá, uma equipe de funcionários pegaria cada uma das fitas e começaria a escriturar aquilo tudo em livros novos. "Só com a unificação dessa estrutura conseguimos uma redução de custos enorme", lembra Abilio. Com sinergias como essa, dos 2.500 funcionários que trabalhavam na administração da Eletroradiobraz, quase 1.500 foram demitidos. A ineficiência da rede comprada podia ser medida por uma comparação: enquanto o Pão de Açúcar tinha 9 mil funcionários e 111 lojas, a Eletro operava 49 unidades com 8.700 empregados.

O Pão de Açúcar registrava crescimento acelerado no Brasil, mas no exterior a situação era muito diferente. As unidades de Portugal, Espanha e Angola, que no início representavam os planos internacionais de expansão do grupo brasileiro, haviam se transformado numa tremenda dor de cabeça. O maior problema naquele momento estava em Portugal.

Depois de 48 anos de ditadura de inspiração fascista, instaurada com um golpe militar em 1926, a decadência econômica de Portugal havia colocado as Forças Armadas contra o governo. Orquestrada por militares rebeldes com a adesão maciça da população, a Revolução dos Cravos enfim derrubou o regime salazarista, em 1974. O movimento alterou o ambiente político do país de forma profunda. Governos revolucionários se sucederam nos meses seguintes, pendendo cada vez mais para a esquerda. Uma das bandeiras dos novos líderes era a estatização das empresas privadas — eles nomeavam novos administradores para as companhias e os antigos executivos (ou donos) eram sumariamente afastados. A primeira nacionalização, menos de um mês depois da Revolução de 25 de Abril, foi a da Companhia das Águas de Lisboa. A maior parte das expropriações, porém, ocorreu no ano seguinte. Em meados de março de 1975 foi decretada a nacionalização dos bancos. No fim do mesmo mês, a das seguradoras. Trinta dias depois, as expropriações abrangiam de petroleiras a cervejarias. O Pão de Açúcar, que a essa altura já somava quase vinte unidades, não foi poupado da sanha estatizante.

No início da noite de 17 de março de 1975, Abilio Diniz e um grupo de executivos trabalhavam no primeiro andar da sede da operação portuguesa, em Lisboa, quando os primeiros gritos começaram a ser ouvidos. Lá fora a multidão protestava, ameaçava, exigia que os "ricos" entregassem a empresa. Sitiados no próprio escritório, Abilio e sua equipe mal se mexiam.

Falavam em voz baixa, para tentar passar despercebidos. A madrugada avançava e a multidão não se dispersava. Foi só por volta das seis horas da manhã do dia seguinte que a Guarda Nacional Republicana conseguiu afastar os manifestantes.

Nos dois anos seguintes a empresa seria gerida pelos revolucionários — o que provocou um desastre financeiro. Nesse período, o faturamento caiu de 85 milhões de dólares para 50 milhões de dólares. Seu Santos, desgostoso, dizia para o filho: "Esquece Portugal, esquece o dinheiro que nós colocamos lá, esquece tudo." Abilio reagiu de forma diferente. "Fiquei chocado e puto", diz. De tempos em tempos ia até lá para tentar obter informações sobre o andamento da empresa. Obviamente, era ignorado. O Pão de Açúcar só seria devolvido a seus donos em setembro de 1977. Com enorme esforço, a família Diniz conseguiu recuperar a companhia.

O saneamento da operação portuguesa se revelaria decisivo para ajudar o Pão de Açúcar a atravessar a fase mais dramática de sua história, anos depois.

Capítulo 5

Racha na família

No início do século XVII, o inglês William Shakespeare escreveu uma de suas mais conhecidas obras-primas: *Rei Lear.* O enredo gira em torno de Lear, um monarca que precisa definir qual das três filhas — Cordélia, Regan e Goneril — o sucederá no trono. O piano do rei é entregar a maior parte do reino àquela que provar ter mais amor ao pai. Regan e Goneril, ambiciosas e dissimuladas, passam a tecer elogios ao rei e a fazer todas as suas vontades, na expectativa de serem as escolhidas. Cordelia, que sempre se mostrou carinhosa e dedicada ao pai, adota postura diferente: em vez de bajulá-lo, diz apenas que ò ama como uma filha deve fazê-lo. Vaidoso e egocêntrico, Lear considera que Cordelia não está se esforçando o suficiente para agradá-lo e a expulsa do reino. Com um final trágico, a peça se desenrola ao longo de uma série de intrigas e traições, numa insana disputa por poder que coloca o próprio reino em risco e acaba por corroer toda a estrutura da família.

Ainda que não terminem em tragédia, não são raros os casos de empresas familiares, no Brasil e no exterior, em que as disputas entre herdeiros adquirem contornos shakespearianos. "As pessoas podem ir muito longe perseguindo o que acreditam estar certo", afirmam Grant Gordon, diretor do Institute for Family Business, e Nigel Nicholson, professor da London School of Economics, autores do livro *Empresas familiares — Seus conflitos clássicos e como lidar com eles.* Frequentemente, inofensivas diferenças pessoais acabam por tomar proporções gigantescas e colocar em risco a perpetuação da companhia.

Raras empresas familiares brasileiras encenaram tão bem uma disputa por poder quanto o Pão de Açúcar. O drama começou a se delinear em 1970, quando seu Santos decidiu fazer uma doação em vida para os filhos. Abilio, que desde o início da atividade dos supermercados detinha 16% da empresa, permaneceu com essa fatia. Alcides e Arnaldo receberam, cada um, 8% de participação. Segundo uma lógica um tanto machista, as filhas Vera, Sonia e Lucilia ganharam, cada uma, 2% da empresa.

Com a distribuição acionária, abriu-se espaço para que os herdeiros passassem a trabalhar na empresa. Alcides se tornou o responsável pela área de operações e Arnaldo tocava o departamento comercial. A autoridade de Abilio não era questionada. Dentro e fora do Pão de Açúcar, sabia-se que era ele quem estava no comando. As irmãs jamais deram expediente na companhia.

O arranjo funcionou por algum tempo, mas com o passar dos anos as disputas entre os irmãos começaram a emergir. "Arnaldo era mais razoável, porém Alcides começou a querer ganhar autonomia", diz Bresser-Pereira, que acompanhou a evolução dos desentendimentos de perto e viria a ocupar o papel de negociador do impasse no futuro. "Foi então que o seu Santos cometeu o grande erro da vida dele: começou a intermediar as demandas entre os filhos. O problema não foi doar, mas, na tentativa de manter todos satisfeitos, não deixar claro até onde ia o poder de cada um e quem era de fato seu sucessor."

Enquanto Alcides articulava para conseguir o apoio dos irmãos e da mãe, Floripes (casada em comunhão de bens com seu Santos), Abilio ficava cada vez mais isolado. Como geralmente acontece quando se misturam família e negócios, o que estava em jogo não era só o poder na empresa. Os protagonistas do embate disputavam também a atenção dos pais, a exposição na mídia e até o desempenho nos esportes. Um dos cenários para choques entre os irmãos era o campo de polo. Alcides, conhecido como Cidão, era um exímio jogador (Arnaldo também praticava o esporte, com menos destaque). Desde a década de 1960, cavalgava com elegância e manejava o taco como poucos. Com quase 2 metros de altura, farta cabeleira e bronzeado sempre em dia, arrasava os adversários e fazia suspirar uma legião de mulheres. "Comecei a jogar polo com meu tio. Ele era o melhor do Brasil", afirma João Paulo Diniz, filho de Abilio.

Nos anos 1970, Abilio decidiu que também se tornaria jogador de polo. Dos bons, claro, porque ficar para trás nunca fez sua cabeça. O que se passou a seguir foi uma espécie de versão adulta do que vivera na infância, quando era um garoto gordinho que sofria *bullying:*

> *O polo para mim foi tudo, menos nato. Meus irmãos já jogavam. Os amigos deles jogavam. Um dia eles me deram um cavalo, mas eu não sabia montar, não sabia absolutamente nada. Entrei naquele negócio e os caras me xingavam, fui escorraçado do campo. Aí pensei: "Vou jogar essa merda." Fiz um cavalo de madeira na minha casa, como os que se usam em centros de treinamento. Às vezes eram dez da noite e lá estava eu montado no cavalo. No dia seguinte, às cinco da manhã já estava na Hípica, montando, aprendendo. Seis anos depois, fui campeão brasileiro.*

Durante um jogo na Sociedade Hípica Paulista, Abilio levou uma tacada no rosto que estilhaçou sua mandíbula e o obrigou a se submeter a uma cirurgia plástica. O autor do golpe — involuntário, como argumentou na época — foi o irmão Alcides. Intencional ou não, é inegável que episódios como esse acabaram por jogar mais lenha na rivalidade entre os dois. Um amigo da família fala sobre o estado de tensão permanente em que os Diniz se encontravam:

> *Essa fase não foi fácil para nenhum deles* [...]. *Abilio achava que os irmãos mais jovens, que tiveram uma infância com mais facilidades, chegaram de repente e exigiam direitos iguais aos de quem estava lá desde o começo. Para Alcides e Arnaldo, soava injusto que o primogênito tivesse o dobro de participação na empresa. Todos os ingredientes para o conflito estavam presentes* [...]. *O que chamava a atenção naquele caso era que o pai ainda estava vivo. Normalmente, nessas situações, o patriarca dá um cala-boca, mas não foi o que aconteceu.*

***

Abilio não estava satisfeito. Sua autoridade no Pão de Açúcar, até então inquestionável, começava a ser discutida pelos irmãos. Aos poucos os feudos se formavam. Isso não era bom para a família e muito menos para o negócio. Abilio, em geral tenso e carrancudo, fechou-se ainda mais. Ele precisava encontrar outro rumo para sua vida.

Desde sempre o empresário se sentira atraído pelo que acontecia em Brasília. Ele gostava de circular nos ambientes onde eram tomadas as decisões sobre os rumos da política e da economia do país — e de influenciar essas decisões. A proximidade com o poder — com quem quer que estivesse no poder, aliás — era por vezes questionada. Numa entrevista concedida ao jornal *Folha de S.Paulo,* em 1979, Abilio foi indagado por um jornalista se sua motivação para contribuir nas discussões político-econômicas do país não era defender os próprios interesses. "Posso defender interesses a curto prazo para minha empresa e meu setor. Ou posso defender interesses a longo prazo que, de forma indireta, viriam a beneficiar minha empresa e meu setor. Sempre optei, tranquilamente, pelo segundo caso", respondeu.

Depois da tomada do Pão de Açúcar por revolucionários em Portugal, a preocupação de Abilio sobre sua participação na vida política do Brasil aumentou. A experiência em Lisboa foi um choque que não queria experimentar de novo. Por isso, em 1979, ao se sentir esvaziado na empresa que por tanto tempo liderara, resolveu aceitar um convite do então ministro do Planejamento, Mário Henrique Simonsen, para participar do Conselho Monetário Nacional (CMN).

Era o início do governo do general João Figueiredo. Simonsen, que ocupara o Ministério da Fazenda na gestão anterior (general Ernesto Geisel), queria que o Conselho tivesse mais representantes da iniciativa privada. Abilio, seu amigo pessoal e um empresário que estava à frente da maior varejista da América Latina, então com 240 lojas, parecia a indicação natural.

Criado em 1964, o conselho é um órgão do Sistema Financeiro Nacional que nasceu com o objetivo de definir as políticas de moeda e crédito no país. Com os anos, passou a reunir representantes de vários ministérios

(Planejamento, Fazenda, Indústria e Comércio, Agricultura etc.), além do Banco Central. Quando Abilio ingressou nele, aos 42 anos, era um dos órgãos mais poderosos do país. "O conselho era uma disfunção institucional do Brasil, porque tinha poderes no campo econômico que superavam até os do Congresso Nacional, inclusive o de aprovar o orçamento monetário do país", explica o ex-ministro da Fazenda Maílson da Nóbrega, à época titular da Coordenadoria de Assuntos Econômicos do Ministério da Fazenda.

Na prática, cabia ao conselho aprovar grande parte do crédito da economia brasileira e programar as emissões de títulos da dívida pública. Além disso, administrava dois tributos — o IOF e o imposto de exportação —, cujas receitas eram aplicadas em projetos autorizados pelo próprio conselho, e não pelo Congresso Nacional. Com todo esse poder, cada vez que o conselho se reunia, galvanizava a opinião pública. Cada vez mais órgãos e ministérios queriam ser incluídos nas discussões. A certa altura, havia mais de trinta participantes nesses encontros, que aconteciam toda terceira quinta-feira do mês. Era tanta gente que foi preciso ampliar a sala de reuniões, localizada no sexto andar do Ministério da Fazenda, para acomodar todo mundo.

Naquela época, de inflação em torno de 6% ao mês e Banco Central com poderes limitados, os supermercados eram um grande canal para o governo exercitar o controle de preços e abastecimento. Não eram os varejistas que definiam os preços a serem cobrados dos consumidores, mas uma lista conhecida como CIP-Sunab (Conselho Interministerial de Preços-Superintendência Nacional de Abastecimento), que determinava *se* e *quanto* um determinado item poderia ser reajustado. A tensão e o descontentamento entre os comerciantes eram evidentes. Para apaziguar os ânimos, a gestão Simonsen criou linhas de crédito subsidiadas para financiar os estoques e a expansão dos supermercados. O recado do governo aos varejistas era simples: "Vocês nos ajudam no controle de preços e nós ajudamos vocês a crescer".

Ter um membro como Abilio no conselho era, portanto, ótimo para o governo. Para o empresário, sua participação, além de válvula de escape para o conflito familiar que se delineava no Pão de Açúcar, ainda poderia servir como uma espécie de passaporte para o pelotão de elite do empresariado brasileiro. A seu lado no conselho, como representantes da iniciativa privada, estavam nomes como Ângelo Calmon de Sá, presidente do Banco

Econômico (que viria a enfrentar dificuldades financeiras anos depois, até entrar em liquidação judicial), e Luís Eulálio de Bueno Vidigal Filho, do grupo industrial Cobrasma (outro que iria à lona nos anos 1990). "Eu tinha a impressão de que o Abilio era um homem já realizado e rico, mas que queria também ser um participante da vida nacional. Até suspeitava que ele tivesse alguma ambição política. E ser membro do conselho satisfazia seu ego", diz Maílson da Nóbrega, que o conheceu naquela época. "Ter acesso às autoridades do país era algo que dava prazer a ele, até hoje ele é assim."

O protocolo rezava que todos os integrantes do conselho recebessem, uma semana antes de cada reunião, a pauta com os assuntos que seriam discutidos. Abilio se preparava com afinco. Organizou um grupo de professores da FGV, composto por nomes como Yoshiaki Nakano e Fernando Dall'Acqua e liderado por Luiz Carlos Bresser-Pereira, para produzir material que embasasse suas discussões em Brasília. Esse departamento de estudos econômicos preparava também boletins quinzenais que eram distribuídos ao mercado. A conta da estrutura criada por Abilio para ajudá-lo no conselho era paga pelo Pão de Açúcar:

> *Eu me dediquei afundo ao conselho, epor isso muita gente gostava de falar comigo em Brasília. O Golbery* (general Golbery do Couto e Silva, chefe da Casa Civil no governo Figueiredo) *era um que sempre me convidava para conversar. Ele queria que eu contasse o que acontecia na vida real. Eu era um cara da iniciativa privada discutindo, dialogando com ministros, com técnicos, com gente dos vários ministérios. Eu não era um deles nem era uma pessoa realmente do governo, mas dava minha opinião e exercia certo poder conferido pela função que eu tinha* [...]. *Mas quando penso naquela fase chego à conclusão de que não consegui fazer nada concreto ali, não consegui imprimir minha marca. Aquela foi minha década perdida* [...].

Perdida e tumultuada. Com seu estilo franco e nada diplomático, Abilio colecionou adversários em Brasília ao discutir publicamente medidas do governo. Em entrevistas a jornais e revistas, não media as palavras. As críticas iam do aumento da taxa de juros ao risco de o Brasil entrar em recessão. Quando seu mandato de cinco anos no conselho terminou, em abril de 1984, não foi renovado. O afastamento se deu no melhor estilo "fritura": o então ministro da Fazenda, Ernane Galvêas, formalizou sua saída sem comunicar-lhe. Abilio soube da decisão pelos jornais.

O empresário voltaria ao posto no ano seguinte, depois da primeira eleição para a presidência do país após duas décadas de regime militar. Abilio tivera uma participação ativa na campanha eleitoral de Tancredo Neves, que foi eleito mas faleceu antes da posse. Quem assumiu o cargo em seu lugar foi o vice, José Sarney. Pouco depois de o novo governo se instalar em Brasília, o empresário recebeu um telefonema de Francisco Dornelles, sobrinho de Tancredo e recém-nomeado ministro da Fazenda. Dornelles combinou um almoço com Abilio, na casa do empresário. "Quando nos encontramos ele me disse que estava ali para cumprir um desejo do tio", lembra Abilio. "Como eu já havia avisado que não queria ir para nenhum ministério, seria nomeado outra vez para o Conselho Monetário Nacional." Seu segundo mandato teria um desfecho ainda mais turbulento.

Em 16 de janeiro de 1989 entrou em vigor o Plano Verão, implementado pelo então ministro da Fazenda, Maílson da Nóbrega, para tentar conter a inflação. Entre as premissas do plano estavam o congelamento de preços, a alteração da política de reajuste dos salários e a mudança do sistema de correção para as cadernetas de poupança. Nas duas semanas seguintes, fiscais da Sunab multaram mais de 9 mil comerciantes em todo o país — boa parte por ter reajustado preços de produtos sem autorização. Em 31 de janeiro, uma terça-feira, o governo pegaria seu peixe mais graúdo: Abilio Diniz.

O empresário deixara seu escritório por volta do meio-dia para praticar o habitual treino de natação no Esporte Clube Pinheiros. Às três da tarde, depois das braçadas e de um almoço frugal, já estava de volta ao batente. Foi então surpreendido por um telefonema da Polícia Federal (PF), que informava ter encontrado 3,8 milhões de latas de óleo de soja no depósito do Pão de Açúcar de Alphaville, na Grande São Paulo, enquanto em várias lojas da rede o produto estava em falta. O empresário foi convocado a se apresentar à Polícia Federal para prestar esclarecimentos.

Na manhã seguinte Abilio foi até a Polícia Federal. O empresário argumentou que em 31 de janeiro a empresa realizava seu inventário geral —, por isso os depósitos ficavam dois dias sem enviar produtos para as lojas.

Segundo ele, no início de fevereiro o estoque de óleo de soja no depósito tinha sido zerado. (A partir de 12 de fevereiro, a PF exigiu que todos os caminhões deixassem Alphaville carregados também com latas de óleo, estivessem os supermercados precisando ou não.)

Não era a primeira vez que Abilio se via envolvido com questões dessa natureza. Em 1986, às vésperas do Plano Cruzado, o empresário fora acusado de remarcação de preços. A situação era mais delicada agora. Apesar dos argumentos, o empresário foi indiciado com base na Lei nº 1.521/1951, acusado de sonegar o produto (e, de forma indireta, de sabotar o Plano Verão).

Todo o imbróglio foi acompanhado pela imprensa, alertada pela PF sobre o depoimento. O caso repercutiu. Abilio Diniz não apenas era um dos empresários brasileiros mais conhecidos como fazia parte do Conselho Monetário Nacional. A impressão causada pelo episódio era de que qualquer tentativa de burlar o Plano Verão seria punida. "Politicamente, para o governo Sarney aquilo teria um efeito moralizante, uma forma de mostrar que estava lutando contra os 'tubarões'", diz o ex-ministro Maílson da Nóbrega. Alguns representantes do Palácio do Planalto, como o então ministro da Justiça Oscar Dias Corrêa, pediram que Abilio passasse a noite na PF depois do seu depoimento. O empresário só escapou desse constrangimento graças à recusa do superintendente regional da PF, Romeu Tuma, que considerou a eventual prisão uma arbitrariedade.

Na mesma data em que Abilio se apresentou à PF foi ouvido também o então presidente da operação brasileira do Carrefour, Michel Pinot. Ele era acusado de remarcar preços: em uma das lojas, o preço do papel higiênico Nice estava 10 centavos acima da tabela da Sunab para aquele tipo de produto. Segundo Pinot, que atualmente se dedica à produção de vinhos na pequena cidade de Trets-en-Provence, na França, o processo foi arquivado.

A posição de Abilio no CMN ficou insustentável depois da confusão com as latas de óleo. Como alguém acusado de agir contra um plano econômico do governo permaneceria no órgão que determinava as diretrizes econômicas daquele mesmo governo? A pressão para que ele deixasse o posto vinha de todos os lados. Maílson da Nóbrega foi uma das raras vozes em Brasília a tentar defender o empresário (àquela altura, eles já eram amigos e anos depois Nóbrega viria a ocupar um assento no conselho de administração do Pão de Açúcar). O ministro argumentava que o governo deveria esperar a palavra final da Justiça, caso contrário corria o risco de tomar uma decisão precipitada. Abilio resistiu no conselho por dois meses — ainda que absolutamente esvaziado. Em abril, quando terminava seu mandato, o presidente José Sarney avisou que o lugar do empresário paulista seria ocupado por Arthur Sendas, dono da varejista que levava seu sobrenome e presidente da Associação Brasileira de Supermercados.

O ano de 1989 começara mal para Abilio Diniz, mas a situação ficaria muito pior nos meses seguintes.

Capítulo 6

O horror no cativeiro

Depois de um final de semana perfeito, Abilio Diniz voltava para casa. Ele havia levado a mulher e os filhos para conhecer a Fazenda da Toca, propriedade adquirida pelo clã em 1970 e localizada em Itirapina, a cerca de 200 quilômetros da capital paulista. Ele dirigia pela rodovia Anhanguera com Auri sentada a seu lado e as crianças no banco de trás. Subitamente um pedestre atravessou a estrada. Abilio não teve tempo de desviar. O impacto foi tão forte que arremessou o homem contra o vidro dianteiro do carro e o matou na hora. No choque, Auri bateu a cabeça e sofreu uma fratura no crânio. Seu estado era tão crítico que não havia tempo para removê-la para um hospital na capital. Foi operada em Campinas, a cidade mais próxima. A cirurgia foi delicada, mas ela conseguiu se recuperar. O susto com o acidente, porém, a afetaria profundamente. "Minha mãe se vestia de forma impecável e era submissa ao meu pai", conta Ana Maria, a primogênita do casal. "Ela mudou da água para o vinho depois desse episódio."

A operação obrigou Auri a raspar os cabelos — e a partir daí decidiu mantê-los curtos. Substituiu os tailleurs por calças jeans. As bolsas clássicas foram trocadas por modelos de alça cruzada. Auri foi fazer cursinho durante um ano para se preparar para o vestibular de psicologia. Foi aprovada na Faculdade São Marcos e levou quase uma década para se formar, porque se matriculava em poucas matérias por semestre. Pela primeira vez, tomava as rédeas da própria vida e saía da sombra do marido. "Meu pai não entendeu esse movimento, achou que ela mudou demais e isso acabou afastando muito os dois", relata Ana Maria.

Em 1986, depois de quase 26 anos de casamento, os dois se separaram. No mesmo ano Abilio assumiu o namoro com Rosana Sassi, uma loira bonita, esguia e quase duas décadas mais jovem que ele. O relacionamento se manteve por quase treze anos, embora eles jamais tenham dividido o mesmo teto.

Abilio Diniz sempre foi um homem de rotinas. Ele gosta de planejar o dia a dia com antecedência, de seguir o calendário preestabelecido e de se manter fiel a seus hábitos. Durante décadas, por exemplo, ao contrário da esmagadora maioria dos empresários e executivos, recusou-se a marcar almoços de negócios. Preferia usar esse tempo para se exercitar. Os esportes, aliás, eram praticados três vezes ao dia, o que o levou a ter uma taxa de gordura corporal de apenas 6%, similar à de maratonistas profissionais (atualmente ele se exercita "apenas" de manhã e à noite e sua taxa de gordura corporal é de 12%). Quando almoça em seu escritório, o cardápio é o mesmo: salada de folhas variadas, beterraba, cenoura, tomate-cereja, muçarela de búfala e uma variedade de leguminosa (grão-de-bico ou feijão-branco), tudo acompanhado por água de coco e finalizado com uma fruta.

Suas viagens de negócios são organizadas como um ritual. A potiguar Claudia Stüssi, secretária de Abilio desde 1996, prepara uma mochila com tudo de que o chefe vai precisar. O primeiro item é dinheiro. Claudia segue uma espécie de tabela, levando em consideração o destino e o tempo da viagem, e coloca o valor na carteira do chefe (os reais são retirados e guardados num envelope à parte). Na carteira seguem também cartões de crédito. O empresário, que chegou a carregar oito, hoje anda com dois. Em seguida vem a organização dos celulares — um europeu, um americano e quatro brasileiros (cada um de uma operadora) —, iPad e seus respectivos carregadores. Abilio também não viaja sem um estoque de Trident sabor tutti-frutti e balinhas de mel. Há ainda os documentos e os óculos de sol. Tudo precisa estar disposto no mesmo lugar, de modo que ele não perca tempo procurando suas coisas.

Por fim, Claudia precisa garantir que três nécessaires de remédios estejam devidamente abastecidos. Abilio é um estudioso da medicina e com frequência medica a si mesmo e a conhecidos e funcionários. Sua fama como "médico" entre os amigos é tamanha que, tempos atrás, ganhou um receituário com a inscrição "Prof. Dr. Abilio dos Santos Diniz, CRM SP 0001", orgulhosamente mantido em sua mesa de trabalho — e que ele não hesita em rabiscar quando "prescreve" uma medicação. Antes das viagens, Claudia precisa verificar se a lista de remédios está completa — Tylenol, Benalet, Cataflam etc. — e se todos estão dentro do prazo de validade. Não pode esquecer também de incluir injeções do anti-inflamatório Voltaren — em caso de dor muscular, Abilio mesmo se encarrega de aplicá-las (nele próprio ou em quem precisar).

Para o empresário, uma rotina de hábitos arraigados é algo libertador. Uma vida em boa parte programada o desobriga de se preocupar com pequenas decisões do cotidiano — e, assim, sobra mais tempo para o que é de fato importante.

Depois de se separar de Auri, Abilio criou uma nova rotina. O primeiro passo foi deixar a casa da família, no bairro do Morumbi, e se mudar para um apartamento na rua Tucumã, em frente ao Esporte Clube Pinheiros, do qual era sócio. Costumava ir para o trabalho logo cedo e, quando não tinha viagens de negócios, regressava do Pão de Açúcar direto para casa. Ao chegar ao apartamento tomava uma dose de uísque com água, comia algumas castanhas-de-caju e fumava um cigarro (anos depois abandonaria o uísque e a nicotina). Seguia-se um jantar leve e o segundo e último cigarro do dia.

Havia algo que Abilio resistia a incorporar à sua rotina: segurança pessoal. Embora fosse rico e conhecido nacionalmente — o Pão de Açúcar se tornara um dos maiores grupos empresariais do país, com 2,5 bilhões de dólares de faturamento anual —, ele achava que apenas seus familiares precisavam andar acompanhados de seguranças. Obedecendo à sua "síndrome de super-homem", Abilio pensava que, como praticara judô, caratê, capoeira e boxe, entre outros esportes, seria capaz de se defender sozinho em caso de necessidade. Além disso, carregava no carro um Colt .45 ao lado da perna, num console coberto por feltro preto e fechado com velcro. Ele se julgava protegido.

Na manhã de 11 de dezembro de 1989, uma segunda-feira, Abilio deixou seu apartamento no horário habitual, antes das oito da manhã, dirigindo seu Mercedes. Estava sozinho no automóvel. Como fazia quase todos os dias, tinha como destino a sede do Pão de Açúcar. Pouco depois de deixar seu prédio, na rua Sabuji, uma ambulância atravessou seu caminho e parou em frente ao carro. Abilio estranhou, mas não entrou em pânico. Talvez fosse apenas um desentendimento de trânsito, como tantos em que já se envolvera. Logo em seguida, sentiu que algo havia se chocado contra a traseira de seu carro — um Opala, que agora bloqueava a passagem. Encurralado, não podia seguir adiante nem dar ré. Ainda assim, pensou que conseguiria contornar a situação. Numa fração de segundo, imaginou que bastaria usar sua arma e sair do carro desferindo socos e pontapés para se livrar do ataque.

O filme que passou pela cabeça do empresário não podia estar mais distante do que de fato aconteceu. Um dos membros do bando conseguiu desarmá-lo. Antes que se desse conta, foi encapuzado e jogado no banco traseiro de um dos carros dos sequestradores. Abilio não sabia onde estava, para onde iria, quem eram aquelas pessoas e o que elas queriam. Pelos próximos seis dias, o homem acostumado a comandar teria que obedecer a seus algozes. Ele se sentia humilhado, amedrontado e furioso por não ter sido capaz de se defender. Sua vida não estava mais em suas mãos.

Os sequestros de pessoas famosas e ricas se tornaram conhecidos no Brasil nos anos 1980. A primeira vítima notória havia sido Antonio Beltrán Martínez, um ex-vice-presidente do Bradesco. Ele ficou encarcerado por 41 dias em 1986 e só foi solto depois do pagamento de um resgate de 4 milhões de dólares. Em julho de 1989, cinco meses antes do ataque a Abilio, foi a vez do publicitário Luiz Salles. Seu sequestro se estendeu por 65 dias — um dos mais longos da história do país — e terminou após o pagamento de 2,5 milhões de dólares. A quadrilha de dez pessoas que sequestrou Abilio — cinco chilenos, dois canadenses, dois argentinos e um brasileiro — planejava pedir um resgate de 30 milhões de dólares, mas esse caso teria um desfecho diferente dos de Beltrán Martínez e Salles.

Quando os sequestradores removeram seu capuz, Abilio se viu num cubículo subterrâneo de menos de 5 metros quadrados. O teto era tão baixo que o empresário não conseguia se manter ereto. Quase não havia ventilação — apenas dois buracos estreitos deixavam passar um pouco de ar. Dentro do cárcere havia pouquíssimos objetos: um colchonete fino, um vaso sanitário e uma lâmpada que era acesa e apagada aleatoriamente (não demorou para que Abilio perdesse a noção de quando era dia ou noite). De uma caixa de som vinha uma música sertaneja em volume alto que falava em matar ou morrer por amor.

Àquela altura, Abilio já não vestia nem as próprias roupas. Os sequestradores o deixaram apenas com sua cueca e o obrigaram a usar uma camiseta cinza e uma calça esportiva azul com listras brancas, uniforme que manteria por todo o cativeiro. Descalço, ele apenas esperava. Sequer tinha forças para fazer exercícios. "Quando saí de lá, minha filha Ana disse que tinha certeza que eu teria passado o tempo fazendo *push-up* (flexões de braço), mas não...", diz ele, com os olhos baixos, fitando o chão, como se tentasse esconder ou esquecer um momento de fraqueza. Abilio achou que iria enlouquecer naquele buraco.

Todos os dias o mesmo sequestrador — um sujeito encapuzado cujo rosto Abilio jamais viu ia lhe levar as refeições, uma comida intragável que o empresário não conseguia engolir. Ele logo pediu que lhe servissem apenas bolachas cream cracker e água.

Assim que soube do sequestro, a família acionou a polícia. Para sorte de Abilio, os policiais em pouco tempo descobriram uma pista que levaria aos bandidos. Primeiro localizaram a falsa ambulância, uma Caravan abandonada pela quadrilha a alguns quilômetros da cena do crime. Ao vasculhar o veículo, encontraram o cartão de uma oficina mecânica na entrada de ar-condicionado. O dono da oficina se lembrava do carro e tinha o telefone do cliente — o número real de um dos bandidos, o chileno Pedro Venegas. Pouco a pouco a polícia apertava o cerco. Finalmente, na manhã de 16 de dezembro, o cativeiro foi descoberto: uma casa na praça Hachiro Miyazaki, no bairro do Jabaquara, na Zona Sul de São Paulo.

Achar o local onde o empresário estava escondido era uma coisa. Outra, bem diferente, era tirá-lo de lá com vida. Uma longa negociação que se arrastaria por quase 36 horas envolveu a participação do delegado encarregado do caso, do amigo da família Luiz Carlos Bresser-Pereira e do cardeal dom Paulo Evaristo Arns. Às 17h05 do domingo, 17 de dezembro, diante das câmeras de TV e de fotógrafos dos principais veículos de comunicação do país, Abilio Diniz foi libertado. Num dos cômodos da casa, a polícia encontrou um caixão de madeira.

A libertação se transformara num espetáculo midiático. Para Abilio, que chegou a duvidar que escaparia com vida, foi o fim de um pesadelo. O homem que saiu do cativeiro estava quase 3 quilos mais magro. Tinha o olhar vidrado e a barba por fazer. Chegou em casa e tomou um longo banho. "Você não imagina o cheiro da roupa que ele estava usando", diz Rosana, sua namorada à época. Ele cercou-se dos familiares mais próximos e de poucos amigos. Dormiu com a ajuda de remédios. No dia seguinte, acordou e foi trabalhar.

Retomar a antiga rotina, porém, não seria tão simples. "Ele não se entrega nunca e fisicamente estava ótimo, mas demorou um tempão para se recuperar psicologicamente", afirma o médico Bernardino Tranchesi, um dos cardiologistas mais respeitados do país e amigo de Abilio há cerca de trinta anos. Duas semanas depois de sua libertação, o empresário viajou para Angra dos Reis, no litoral fluminense, com Rosana. As noites que passou no barco foram torturantes. O quarto do casal ficava na parte de baixo da embarcação — e toda vez que Abilio ouvia passos no piso de cima ficava sobressaltado. Era inevitável fazer uma associação com o buraco onde ficara confinado e com os ruídos vindos dos sequestradores.

Para superar o trauma, Abilio recorreu à análise, a antidepressivos e à necessidade de ser acompanhado por seguranças. Mas ainda hoje ele carrega uma arma dentro do carro, ao lado da perna, num console coberto por feltro preto e fechado com velcro.

Capítulo 7

Os cacos do Palácio de Cristal

"Todas as famílias felizes são iguais. As infelizes o são cada uma a sua maneira", escreveu o russo Leon Tolstói na abertura de seu clássico romance Anna Karenina, publicado na segunda metade do século XIX.

No final dos anos 1980, o clã Diniz era o retrato fiel de uma família infeliz. Os desentendimentos que anos antes haviam emergido entre os filhos de Valentim dos Santos Diniz e sua esposa, Floripes, agora ganhavam contornos dramáticos. Ninguém se entendia mais — ou sequer tentava se entender.

Durante quase toda aquela década, Abilio se dedicara mais às atividades no Conselho Monetário Nacional do que ao negócio da família. Ainda que jamais tivesse deixado seu escritório na sede do Pão de Açúcar, ele passava a maior parte do tempo coordenando a produção dos boletins econômicos redigidos pelos professores que contratara e interagindo com Brasília. Alcides e Arnaldo passaram então a ocupar os espaços que ele havia deixado vagos na companhia.

Uma das decisões mais emblemáticas da influência de Alcides e Arnaldo foi a mudança da sede da avenida Brigadeiro Luís Antônio, onde tudo começara, para um edifício na avenida Engenheiro Luís Carlos Berrini, na Zona Sul de São Paulo, em 1986. O escritório da Brigadeiro havia crescido como um grande "puxadinho" — casas e lojas vizinhas ao prédio original foram compradas e integradas à sede, formando um intrincado labirinto. O prédio da Berrini era sua antítese. Novo em folha, moderno, com doze andares amplos e até restaurante e elevador privativos para a família, o edifício fora construído segundo as diretrizes dos irmãos de Abilio. Antonio Carlos Ascar, à época o principal executivo de recursos humanos do Pão de Açúcar, lembra da mudança:

> *Todos nós estávamos encantados com a ideia de sair daquela coisa velha, acanhada, atrapalhada que era o prédio da Brigadeiro. Lá não cabia todo mundo e algumas áreas da empresa tinham que ficar em escritórios próximos. Então a ideia de centralizar tudo foi maravilhosa. Todos os diretores instalaram-se em salas confortáveis, os andares tinham pé-direito alto... Seu Santos tinha o último andar só pra ele, era um negócio gigantesco. No piso abaixo ficavam Abilio, Alcides e Arnaldo. Depois, nos outros andares, vínhamos nós, os reles mortais* (risos) [...]. *O prédio também tinha um belo estacionamento, coisa que o pessoal adorou, porque na Brigadeiro pouca gente tinha onde parar o carro* [...].

Envidraçado e opulento, o prédio logo ganhou o apelido de Palácio de Cristal — alcunha que em nada lembra o estilo das sedes da maioria das grandes varejistas. Acostumadas a trabalhar com uma margem de lucro estreita, em torno de 2%, as redes de supermercados em geral têm instalações modestas. Na americana Walmart, maior empresa mundial do setor, luxo sempre foi artigo vetado. Fundada por Sam Walton em 1962, no estado do Arkansas, a Walmart até hoje mantém o estilo espartano de seu fundador, morto há mais de vinte anos. Walton sempre se vestiu de maneira simples (em sua autobiografia, *Made in America*, ele aparece na foto da capa usando um prosaico boné), dirigia uma picape gasta e costumava lavar o próprio prato após as refeições. A cultura de simplicidade que forjou, e que se disseminou em grande medida graças ao seu exemplo, ainda hoje permanece como um valor importante. As salas dos executivos que trabalham na sede da companhia, na pequena cidade de Bentonville, são tão modestas que não contam sequer com janelas. Não há restaurante, estacionamento ou elevador exclusivo para a diretoria. Nas viagens de avião, todos os funcionários devem optar pela classe econômica. Para Walton e seus seguidores, não há como manter preços baixos nas lojas se as despesas forem altas — qualquer gasto deve ser cortado.

Ainda que Abilio e seus irmãos estivessem bem longe do estilo franciscano de Sam Walton, o Palácio de Cristal ia além de todas as extravagâncias da família. "Eles sempre gostaram de aparecer nos jornais, colecionar carros antigos, praticar esportes chiques como polo. Mas aquela sede era mesmo uma aberração", opina um empresário do setor.

Foi no Palácio de Cristal que se deram os lances mais espetaculares da disputa entre os irmãos. Em 1987, os resultados do Pão de Açúcar patinavam, graças a uma combinação de custos em alta, acirramento de concorrência, inflação galopante e iniciativas duvidosas, como a criação da rede de departamentos Sandiz. "Os meus irmãos achavam que tínhamos que fazer lojas muito bonitas, não importando se fossem lucrativas ou não [...]. Foi um pouco esse o motivo que nos levou a ter a Sandiz [...]. E nesse caso realmente a gente andou na contramão, porque no mundo inteiro as lojas de departamentos já começavam a entrar em decadência", afirma Abilio.

Nenhum dos irmãos do empresário foi entrevistado para este livro. Arnaldo, com muita elegância, respondeu por e-mail que não tinha muito o que acrescentar e que desejava que o livro retratasse "a carreira empresarial muito bonita que Abilio teve". Lucilia, a caçula, avisou por meio de sua assessoria de imprensa que só falaria se houvesse um pedido do irmão. Vera Lucia e Sonia não responderam às insistentes solicitações. Alcides faleceu em 2006, vitimado por um câncer.

Em agosto de 1987, depois de a empresa ficar no vermelho todos os meses, seu Santos pediu a Abilio que voltasse a se envolver mais com o dia a dia da companhia, apesar de sua participação no Conselho Monetário Nacional. Os irmãos, capitaneados por Alcides, não gostaram daquele retorno triunfal. Em alguns aspectos, Abilio e Alcides tinham temperamento parecido: eram briguentos, provocadores, arrogantes, andavam armados. As discussões entre eles se tornaram mais frequentes, mais públicas e mais inflamadas.

Aos executivos que trabalhavam nessa época no Pão de Açúcar restava desviar do fogo cruzado — nem sempre com sucesso.

Abilio tinha uma reunião semanal com a diretoria toda segunda-feira de manhã. Alcides decidiu que também teria uma reunião semanal, às quintas-feiras, da qual participariam principalmente os executivos ligados à operação e à área comercial (departamento que, em tese, era comandado por Arnaldo). Nas reuniões era comum que Abilio pedisse aos executivos que ignorassem as recomendações de Alcides — e vice-versa. "Mais de uma vez ouvi Alcides chamando o irmão de idiota e dizendo que ele deveria cuidar dos assuntos de Brasília", lembra um antigo funcionário da rede. Não era raro que Abilio e Alcides batessem boca na frente de outras pessoas. O clima entre os dois era tão áspero que pessoas próximas relataram que houve ocasiões em que eles quase se agrediram fisicamente na sede da companhia. Abilio nega que isso tenha acontecido.

Se na empresa a tensão era evidente, na casa de seu Valentim e dona Floripes a situação estava ainda pior. O casal sempre teve o hábito de reunir os filhos algumas vezes por semana. Todos eram convidados para os jantares de terça-feira e sábado, assim como para o lanche da tarde de domingo. Abilio costumava frequentar sobretudo os encontros das terças-feiras — só os perdia quando estava em viagem. Porém, com o acirramento da briga entre os irmãos, ir à casa dos pais se tornou um incômodo. A convivência com Alcides era impossível — ou eles não se falavam ou discutiam na frente de todos. Alcides contava com o apoio da mãe e dos demais irmãos. Seu Santos, apesar de manter-se ao lado de Abilio, tentava a todo custo colocar panos quentes — o que não resolvia a situação. "É uma história que começou há muitos anos, lentamente, em razão da divisão de ações de meu pai", declarou Alcides à revista *Exame* na época.

Aos poucos Abilio foi se isolando dos parentes e deixou de ir aos encontros. Em 1988, decidiu não comparecer à ceia de Natal na casa dos pais. O Pão de Açúcar se tornara vítima de um dos maiores pecados das empresas familiares: deixar que as relações pessoais interfiram no negócio — e vice-versa. O problema quando isso acontece é que, em geral, as duas pontas perdem. De um lado, a companhia se transforma num campo de guerra, onde os resultados deixam de ser a principal preocupação — e, de forma inevitável, são afetados pela disputa de poder. Do outro, a família é estraçalhada e as relações entre seus membros correm o risco de jamais serem reconstruídas. Deixar simplesmente o barco correr, como aconteceu no Pão de Açúcar por anos, é receita certa para o desastre.

No início de 1988, aos 75 anos, seu Santos enfim se convenceu de que era preciso fazer alguma coisa para desatar o nó que havia se formado. Qualquer que fosse a solução adotada, ela precisaria da concordância de Abilio e de Alcides (as três irmãs, que não trabalhavam na varejista, e Arnaldo, que dava expediente vez ou outra, seguiriam o comando de Alcides). Para costurar essa negociação, o patriarca precisava de alguém que conhecesse bem a família e a empresa. O nome natural era o de Luiz Carlos Bresser-Pereira, que voltava ao Pão de Açúcar depois de quase seis anos no governo.

Para resolver o imbróglio foram estudadas algumas alternativas. Abilio chegou a sugerir que um executivo profissional fosse contratado para comandar a empresa e que toda a família se afastasse do dia a dia. Alcides pleiteava que o império fosse literalmente dividido entre os herdeiros — e que a partir dali cada um tocasse seu quinhão. Seu Santos não queria estranhos na linha de frente da empresa que fundara. Muito menos tinha interesse em fatiar a companhia. Era preciso achar outra opção.

Em maio de 1988, o patriarca anunciou uma reformulação na estrutura de comando do grupo. Ele continuaria na presidência do Pão de Açúcar, mas Abilio assumiria quando o pai decidisse se aposentar. Até lá, os três filhos ocupariam o cargo de vice-presidentes. Em paralelo, seu Santos criou uma diretoria formada por oito executivos que haviam feito carreira na companhia — o líder dessa tropa seria Sylvio Luiz Bresser-Pereira, irmão de Luiz Carlos, que ingressara na empresa no final da década de 1970. Rapidamente ficou claro que o modelo não aplacaria os ânimos de ninguém.

Numa quinta-feira de agosto de 1988, Alcides entrou na sala de Bresser-Pereira e anunciou que estava disposto a vender seus 8% na empresa. Naquele dia, Abilio estava fora. Tinha viajado para Lisboa a fim de verificar como andava a operação portuguesa. Bresser-Pereira avaliou que a ausência de Abilio tornava o momento perfeito para resolver a questão. Discutiu com

Alcides qual seria o valor de sua fatia e como se daria o pagamento. Ato contínuo, os dois seguiram para o escritório do patriarca. Ao ouvir a proposta, seu Santos concordou. Todos acharam melhor não alertar Abilio sobre o que estava para acontecer.

No dia seguinte tudo já tinha sido acertado. Alcides, então com 44 anos, venderia sua parte por 120 milhões de dólares. Receberia 30 milhões em dinheiro, parte em imóveis (o terreno mais valioso, uma área gigantesca na Marginal Pinheiros, estava avaliado em quase 50 milhões de dólares) e duas empresas do grupo Pão de Açúcar, a rede de fast-food Well's e a concessionária Pão de Açúcar Veículos. Ele saiu do negócio satisfeito — recebeu mais do que seus 8% de fato valiam. Para o patriarca, o "ágio" pago era pouco perto da dor de cabeça causada pelo conflito entre os filhos.

Abilio só veio a saber do desenlace na terça-feira da semana seguinte, quando retornou de Portugal. "Ele ficou possesso, porque estava convencido de que o Pão de Açúcar era dele e que ele tinha todo o direito sobre a empresa, o que moralmente acho que era verdade, mas em termos jurídicos, não", diz Bresser-Pereira. "Portanto, ele também estava convencido de que todos os irmãos permaneciam sob o seu domínio e que a negociação que eu tinha feito era inaceitável. Mas o fato é que, se Abilio tivesse sido ouvido, não sairia negócio."

A venda da fatia de Alcides parecia simbolizar o fim de uma era de desentendimentos. Bresser-Pereira acreditava que, ao afastá-lo por completo da empresa, tiraria da frente o principal opositor de Abilio. Seria questão de tempo até que os outros irmãos seguissem o mesmo caminho. A imprensa, que acompanhara cada lance da queda de braço, vaticinava que "agora tudo seria diferente".

Em tese o raciocínio fazia todo o sentido. Só que as coisas não se desenrolaram como Bresser-Pereira e seu Santos esperavam. "Mesmo com sua situação já resolvida, Alcides continuou a encher a cabeça da mãe e dos irmãos para atrapalhar o restante da negociação", lembra o ex-executivo. Seriam necessários quase cinco anos para finalmente colocar um ponto final na questão.

Capítulo 8

A um passo da falência

Ao retomar o leme do Pão de Açúcar, Abilio Diniz encontrou uma empresa "bipolar". Os sinais de ostentação estavam por toda parte. Havia o faraônico Palácio de Cristal. Havia lojas construídas de acordo com as tendências mais modernas do mundo. Havia até um gigantesco computador, igual a um utilizado pela Nasa (a agência espacial americana), que deveria integrar todos os pontos de venda da rede — um equipamento tão complexo que jamais chegou a funcionar. O problema era que a mania de grandeza não batia mais com os números da companhia. Em termos de crescimento, o Pão de Açúcar do final dos anos 1980 era uma fração do passado. O número de lojas — quase seiscentas — havia praticamente estagnado em uma década. Para tentar manter as margens, a companhia reajustara os preços dos produtos — e acabara por afastar uma legião de consumidores. Por fora, o Pão de Açúcar parecia um colosso. Por dentro, estava em frangalhos. Quem mais se aproveitou do momento de fragilidade foi a varejista francesa Carrefour, que havia desembarcado com seus hipermercados no Brasil em 1975 e agora assumia a liderança no setor.

Não bastassem os problemas internos, o Pão de Açúcar tinha de enfrentar a turbulência econômica do país. A inflação estava fora de controle, na casa dos 80% ao mês no início de 1990, o que obrigava a remarcar todos os dias os preços dos produtos. Em 16 de março daquele ano, um dia após tomar posse, o presidente Fernando Collor de Mello anunciou um plano para tentar controlar a escalada de preços. A moeda vigente, o cruzado novo, deu lugar ao cruzeiro. Impostos subiram, incentivos fiscais foram cortados, preços e salários ficaram novamente congelados. A medida mais radical foi o bloqueio, por dezoito meses, dos depósitos bancários, das cadernetas de poupança e de outras aplicações financeiras. De uma hora para outra, o jogo econômico do país havia sido mudado.

Até então, boa parte dos varejistas — inclusive o Pão de Açúcar — ganhava um bocado de dinheiro com a ciranda financeira. Os produtos que recebiam dos fornecedores eram pagos 28 dias depois, o que permitia aproveitar o intervalo de tempo para aplicar o dinheiro. Claro que os fornecedores embutiam no preço do produto a inflação estimada até a data do pagamento, mas ainda assim era comum que as redes de supermercados ganhassem mais nas aplicações financeiras do que com a própria atividade comercial.

Nos planos econômicos anteriores (Cruzado, Bresser e Verão) foi aplicada uma "tablita", fórmula que descontava a inflação embutida pelos fornecedores nos preços dos produtos. No Plano Collor, a tablita foi descartada. Com isso, os fornecedores que venderam mercadorias incluindo no preço a inflação estimada ganharam um bocado de dinheiro — o aumento de preços ao consumidor final foi proibido e não havia tablita para descontar a inflação. Já os varejistas ficaram em maus lençóis, uma vez que não puderam repassar o aumento de custos por causa do congelamento. Entre as empresas do setor, o Pão de Açúcar, que estava titubeante, foi uma das que mais sentiu o golpe. "Tínhamos ativos, imóveis, tudo, mas ficamos sem caixa", lembra Abilio. "Se a companhia estivesse saudável, tomaria uma paulada dessas e, de um jeito ou de outro, conseguiria se virar. Mas nós estávamos vulneráveis, e foi aí que tivemos um confronto com a realidade."

A reação após o anúncio do Plano Collor foi de perplexidade. A situação ficou tão fora de controle que era difícil ter certeza do tamanho da encrenca. No final daquele 16 de março, o então diretor financeiro do grupo, Valney Brito, avisou a Abilio e Bresser-Pereira que o Pão de Açúcar havia perdido 85 milhões de dólares com a falta da tablita. No dia seguinte, o executivo voltou a falar com a dupla, dessa vez com uma notícia ainda pior:

as contas haviam sido refeitas e o buraco aberto somava, na verdade, 135 milhões de dólares.

A partir dali, o Pão de Açúcar entrou numa espiral descendente. Em maio, Valney Brito fez um alerta: a companhia contraíra dívidas com os fornecedores e estava perdendo caixa rapidamente. Sem caixa, qualquer empresa, não importa o tamanho, corre o risco de morrer asfixiada. Em julho, ao perceber o agravamento da crise, Abilio decidiu pedir empréstimos de longo prazo a bancos — até então só contava com empréstimos de curto prazo. Seria preciso levantar algo entre 200 e 300 milhões de dólares para manter a empresa em operação e respirar um pouco mais aliviado. Abilio convenceu Itaú e Unibanco a emprestarem um total de 500 milhões de dólares por meio de uma emissão de debêntures.

Àquela altura, o Pão de Açúcar corria contra o relógio. O processo de emissão de debêntures levaria cerca de sessenta dias para ser concluído e o caixa estava secando. Ao perceber a gravidade da crise, os dois bancos recuaram. Em muitas das reuniões com instituições financeiras, Abilio ia acompanhado da primogênita, Ana Maria. Ela lembra o que sentiu quando os bancos desistiram de fazer o empréstimo:

> *A gente precisava rolar o nosso crédito, só que muitos bancos estavam apostando na nossa quebra. Então fomos, eu e meu pai, nessa reunião no Unibanco. Explicamos tudo e eles não deram resposta na hora. Fiquei muito preocupada, porque não via outra saída que não fosse aquele empréstimo para nos dar fôlego. Saí de lá com a nítida sensação de que a gente ia quebrar Depois veio a negativa do banco* [...]. *E comecei a pensar que a empresa criada pelo meu avô, pela qual meu pai tinha dado a vida, podia realmente acabar* [...]. *Foi muito difícil e eu fico até emocionada de lembrar* (seus olhos ficam marejados), *mas meu pai não se deixou abater e foi procurar outra saída. Ele não desiste nunca.*

Abilio continuava a bater de porta em porta. Em setembro, acompanhado do amigo Roberto Teixeira da Costa, foi até a sede do Bradesco, na Cidade de Deus, em Osasco, para pedir 10 milhões de dólares a Lázaro de Mello Brandão, presidente da instituição. Saiu de lá de mãos abanando.

Um dos raros bancos que não lhe viraram as costas foi o antigo BBA Creditanstalt (atualmente Itaú BBA), presidido por Fernão Bracher. A instituição havia começado a emprestar ao Pão de Açúcar antes de a crise se tornar pública. Como as previsões de crescimento da varejista eram boas, não demorou para que se tornasse a maior cliente do BBA. Com o estouro da crise, o peso do Pão de Açúcar na carteira do banco deixou de ser motivo de comemoração, como conta Candido Bracher, filho de Fernão e atual presidente do Itaú BBA:

> *O Pão de Açúcar viveu, logo depois do Plano Collor, em completo descontrole de caixa e a crise veio muito rapidamente* [...]. *Naquela época, toda terça-feira um economista era convidado a dar uma palestra no* BBA *para executivos do banco epara os clientes* [...]. *Eu me lembro do Luis Paulo Rosenberg dizendo: "Eu sempre falei que este país só vai mudar quando quebrar uma grande rede de supermercados e uma grande empreiteira. O supermercado está quase, hein? E eu não estou falando do Disco, que quebrou lá no Rio de Janeiro, não"* [...]. *As pessoas que estavam na sala riram, mas eu não vi graça alguma. Estava preocupadíssimo com aquela situação.*

Sem pagamento, alguns fornecedores do Pão de Açúcar, como Unilever e Nestlé, pararam de entregar produtos. A varejista, que já não tinha recursos suficientes para cumprir suas obrigações financeiras, agora lidava com prateleiras vazias e, consequentemente, queda nas vendas. No mercado, a falência do Pão de Açúcar era considerada inevitável.

Numa noite em que foi jantar no The Place, no bairro dos Jardins, Abilio foi interpelado por uma jornalista que ocupava uma das mesas. Em voz alta, para que todos pudessem ouvir, ela perguntou o que estava acontecendo com o Pão de Açúcar e se a empresa iria quebrar mesmo, como se comentava. "Não, não, imagina... Estamos bem, estamos ótimos, tem sobra de caixa", desconversou Abilio.

O empresário se encontrava endividado, desacreditado e sozinho. A derrocada era um prato cheio para os desafetos que colecionara ao longo dos anos:

Todo mundo torcia contra. Eu era um cara arrogante, briguento, e tinha chegado a hora de levar o troco. As pessoas diziam que eu ia quebrar e que já ia tarde. Embora eu estivesse trabalhando firme, entrei em depressão. Eu tinha um negócio chamado insônia terminal: deitava, dormia e quando dava três, quatro horas da manhã, acordava e não conseguia mais pegar no sono. Minha terapeuta, a Iraci Galiás, havia me ensinado uma coisa importante na época do sequestro e que eu repeti durante a crise da companhia. Quando você acorda de noite e está mal, não deve ficar sentado na cama discutindo com os fantasmas da madrugada. O negócio é levantar, acender a luz, pegar um caderno e escrever o que está sentindo. Na manhã seguinte, quando reler o que escreveu, vai ver que aquilo não é tão grave quanto o mundo real. Eu fiz isso muitas vezes [...]. E também tomei um remédio para combater a depressão.

Outro antídoto contra o baixo-astral foi o esporte, que não deixou de praticar mesmo nos momentos mais agudos da crise. O Clube Pinheiros era seu refúgio. Quase todos os dias aproveitava o horário do almoço para cair na piscina. Em uma hora saía do seu escritório, dirigia até o clube, nadava 2 mil metros, tomava banho e voltava correndo para a sede. Ele movimentava o corpo, mas não relaxava entre uma braçada e outra. "Na piscina, só existem você e os ladrilhos, não tem nada para te distrair [...]. E eu ficava pensando no Pão de Açúcar o tempo todo. Peguei muito bode de natação depois dessa fase."

Às vezes ia ao Pinheiros também depois do expediente, com o clube já apagando as luzes, para correr um pouco. Numa dessas noites silenciosas e escuras, depois de praticar sua corrida, diminuiu o passo e se sentou num banco. Angustiado, cabisbaixo e sem saber como tirar a empresa do buraco em que se encontrava, pela primeira vez pensou que o Pão de Açúcar poderia não ter mesmo salvação e que todo o seu patrimônio corria o risco de escorrer pelas mãos.

***

À medida que o ano de 1990 avançava, a situação do Pão de Açúcar ficava mais grave. Em novembro, Valentim dos Santos Diniz, que até então deixara Abilio à frente dos esforços para debelar a crise, chamou o filho para uma conversa. Preocupadíssimo, disse:

— Vamos vender.

— Como? Vender a obra da minha vida?

— Tem que ser, vamos vender para o bem da família.

A contragosto, Abilio acatou a sugestão do pai. Foi então conversar com o amigo Roberto Teixeira da Costa, que o apresentou ao banco inglês S. G. Warburg & Co. (atualmente parte do conglomerado suíço UBS). Uma equipe da instituição financeira veio de Londres para avaliar o Pão de Açúcar em caráter de urgência. Logo montou um "book" que seria usado para oferecer a varejista a eventuais interessados. "Estávamos vendendo por 400 milhões de dólares, mas o aperto era tão grande que se oferecessem 200 milhões nós soltávamos", admite Abilio.

Difícil era encontrar quem quisesse o abacaxi. O Pão de Açúcar foi oferecido para dezenas de empresas, nacionais e estrangeiras. Uma das que fizeram parte dessa longa lista de varejistas procuradas pelo banco foi a rede das Lojas Americanas, controlada pelos empresários Jorge Paulo Lemann, Beto Sicupira e Marcel Telles. O trio chegou a analisar o negócio, mas declinou. (Anos depois eles fariam o caminho inverso: conversaram com Abilio sobre a possibilidade de o Pão de Açúcar comprar as Lojas Americanas, que andava de lado em meados dos anos 1990. Novamente as negociações não avançaram.)

Ao mesmo tempo que tentava vender o Pão de Açúcar, Abilio se preparava para o pior. O tributarista Pedro Luciano Marrey Jr., sócio da banca Mattos Filho, Veiga Filho, Marrey Jr. e Quiroga Advogados, com quem Abilio já trabalhava desde a década de 1970, indicou um time de falencistas para acompanhar o caso de perto. O fim parecia tão iminente que o pedido de concordata quase chegou a ser redigido.

Quando o ano acabou, o Pão de Açúcar havia perdido a liderança de mercado para o Carrefour. A empresa fundada por seu Santos definhava e Abilio já não sabia para onde correr. No dia 24 de dezembro, véspera de Natal, ele trabalhou até o início da noite, sozinho, no Palácio de Cristal. Tirou quatro dias de folga, por recomendação de sua analista, entre 27 de dezembro e 1º de janeiro. Segundo ela, não adiantaria dar expediente num período em que todo mundo estaria em recesso. Era melhor Abilio descansar e se preparar para o combate que recomeçaria no ano seguinte.

Capítulo 9

Corte, concentre, simplifique

Sem comprador, o Pão de Açúcar precisava se virar sozinho. Para recuperar a companhia, Abilio teria que implodir sua estrutura paquidérmica, alimentada pelos anos de fartura. Ele foi impiedoso nessa implosão. Da sede ao número de funcionários, tudo foi submetido ao seu escrutínio. A ordem de comando do empresário pelos corredores da companhia era: "Corte, concentre, simplifique". A frase se tornou uma espécie de mantra da sobrevivência do Pão de Açúcar.

Sua "tesoura" não poupou nenhum nível hierárquico. Os primeiros a rodar foram os executivos do mais alto escalão. Para o empresário, aquele pessoal, além de caro, era o símbolo de uma empresa que não dera certo. Num só dia quase uma dezena de diretores executivos foi ceifada — sobraram Sylvio Luiz Bresser-Pereira e Valney Brito, do financeiro:

> *Cortei o primeiro nível inteiro e subi o segundo. Aí eu disse ao pessoal que havia subido para cortar o terceiro nível. Simples assim [...]. De uma hora pra outra dois escalões foram eliminados. Quem ficou teve que lidar com uma nova realidade de salário. Como eu fiz? Dei reajuste só para o povão. Para quem sobrou em cima, eu falei que pagaria o reajuste, mas não naquele*

momento. Primeiro porque não tinha dinheiro mesmo, e também porque eu queria fazer os caras sentirem de verdade a necessidade de recuperar o negócio.

O número de funcionários do Pão de Açúcar despencaria de 45 mil em 1990 para 17 mil ao final de 1991, uma redução de quase 63% do quadro. Os remanescentes tiveram que apertar os cintos e se acostumar a uma vida com menos regalias — a frota de seiscentos carros oferecida como benefício aos executivos, por exemplo, foi vendida.

O número de lojas também diminuiu drasticamente. Das 626 unidades que a varejista tinha no auge, em 1985, restaram 262 em 1992. O critério para definir as unidades sobreviventes era simples e direto: se dessem lucro, eram mantidas; se não, a ordem era fechar o mais rápido possível. Como os consumidores não percebiam as diferenças entre as diversas bandeiras que a companhia operava, as marcas foram reduzidas. Apenas quatro permaneceram: Pão de Açúcar, Extra, Superbox e Eletro (entre as que morreram estavam Jumbo, Minibox e Peg-Pag). Uma estrutura mais simples de bandeiras reduziria os custos e traria mais foco para as marcas remanescentes. Em termos de perdas, aquela foi uma fase de tolerância zero.

Uma das decisões mais difíceis que Abilio tomou foi interromper o pagamento de impostos em novembro de 1990. "Avisei a todas as esferas de governo que eu pagaria quando pudesse, mas que naquele momento ia parar tudo", lembra o empresário (os pagamentos de tributos só seriam retomados em meados do ano seguinte). Paralelamente, seus advogados trataram de criar um planejamento tributário que aliviasse o bolso da varejista. Nesse sentido, nada teve tanto impacto quanto a brecha que encontraram na Contribuição Social sobre o Lucro Líquido (CSLL), imposto surgido em 1988. A banca Mattos Filho, que atendia o Pão de Açúcar, entrou com uma ação na Justiça argumentando que a lei era inconstitucional. A parada foi ganha em 1991 — uma decisão que prevalece até hoje, ainda que questionada de tempos em tempos. "A CBD (Companhia Brasileira de Distribuição, razão social do GPA — Grupo Pão de Açúcar) é uma das poucas empresas brasileiras que nunca pagou esse imposto", conta Pedro Luciano Marrey Júnior, sócio do Mattos Filho e responsável pela ação. Não é pouca coisa, já que no caso da varejista esse tributo significa 9% do lucro líquido. "Você tem ideia do benefício que isso trouxe para a companhia?", pergunta ele, sem esconder um ligeiro sorriso de satisfação. Com tantas questões jurídicas complexas e prementes, o Pão de Açúcar era então o maior cliente do Mattos Filho. Marrey Júnior, principal interlocutor da banca junto à diretoria, costumava passar pelo menos três dias da semana na sede da companhia. Forjou-se uma relação de extrema confiança entre as partes.

De um lado, Abilio corria para diminuir custos. De outro, buscava maneiras de preservar o caixa, ou o que restava dele. Em novembro de 1990, conseguiu levantar 50 milhões de dólares em Portugal, dando como garantia o braço europeu do grupo, independente da unidade brasileira. Dois meses depois, obteve com Itaú e Bradesco um total de 70 milhões de dólares em operações de *sale and leaseback* (modalidade em que uma propriedade é simultaneamente vendida e alugada de volta ao proprietário). Era muito menos do que os 500 milhões de dólares pleiteados junto às mesmas instituições meses antes, mas melhor do que nada. Para os bancos, o negócio quase não apresentava riscos: se o Pão de Açúcar quebrasse, eles se tornariam donos dos imóveis dados em garantia.

Nada, porém, foi tão significativo quanto a venda do Palácio de Cristal para a Previ, o fundo de pensão dos funcionários do Banco do Brasil. A medida não representou apenas uma injeção de 55 milhões de dólares no caixa do Pão de Açúcar. Foi, acima de tudo, o símbolo do fim de uma era de ostentação e desperdício. Em alguns meses ficariam para trás os andares com pé-direito alto, saguão com piso de mármore, salas gigantescas para os Diniz. Abilio e os demais funcionários voltariam para a sede de origem, na avenida Brigadeiro Luís Antônio, com seus escritórios modestos, divisórias de fórmica e um labirinto de corredores estreitos. Para Abilio, o retorno não foi uma derrota, mas uma redenção:

> *Sempre fui contra a ideia da sede nova. Eu dizia que sede luxuosa não paga as contas no fim do mês. Sempre fui muito feliz na Brigadeiro. Embora velha, aquela sede tinha tudo o que eu precisava. Minhas origens estavam todas ali. Por isso, o dia 30 de agosto de 1992, quando deixamos a Berrini e voltamos para a Brigadeiro, foi um dos mais felizes da minha vida. Os anos*

mais horríveis que vivi aconteceram na sede nova. Foi enquanto eu estava lá que houve o sequestro, a briga da família e a quase quebra da empresa. Como poderia ficar triste em sair daquele lugar?

Com essas três grandes operações, Abilio conseguiu um total de 175 milhões de dólares. Somando mais um punhado de vendas de outros ativos menores, chegou a quase 200 milhões. Era o respiro de que precisava. Com esse dinheiro, começou a saldar dívidas com fornecedores e repor os estoques das lojas. A partir dali, abandonou a ideia de vender a empresa. Percebeu que seria questão de tempo, esforço e disciplina para recolocá-la nos trilhos.

Para tomar todas essas decisões, Abilio cercava-se de poucas pessoas. Vários funcionários de carreira haviam sido demitidos para garantir a sobrevivência do grupo. Outros estavam mais alinhados com interesses de seus irmãos do que com os da companhia — pelos menos aos olhos do empresário. Naquela situação de crise, em quem ele poderia confiar?

Luiz Carlos Bresser-Pereira conhecia como poucos o temperamento do empresário e a história do Pão de Açúcar. Embora àquela altura não desse mais expediente em tempo integral, foi dele a ideia de contratar a consultoria brasileira Consemp para ajudar na reestruturação da empresa.

Os principais sócios da Consemp eram o economista Andrea Calabi e o engenheiro Gerald Reiss. Da dupla, quem mais se aproximou de Abilio foi o segundo. Graduado em engenharia elétrica pela Escola Politécnica da Universidade de São Paulo e com MBA e ph.D. pela Universidade da Califórnia, Reiss chegou a ocupar por anos um assento no conselho de administração da companhia. Era tão presente que participava até mesmo do recrutamento de executivos-chave (Enéas Pestana, que entrou no Pão de Açúcar em março de 2003 e se tornaria presidente sete anos depois, por exemplo, foi entrevistado por Reiss antes de sua contratação).

Abilio precisava de mais aliados. Sentia-se sozinho. Decidiu, então, buscar a ajuda dos dois filhos mais velhos, Ana Maria e João Paulo.

***

Ana Maria Falleiros dos Santos Diniz D'Ávila é uma mulher magra, de olhos esverdeados, porte altivo e gestos elegantes, lapidados em décadas de prática de balé clássico. Nascida em 28 de julho de 1961, a primogênita de Abilio e Auriluce fez o antigo primeiro grau no colégio Nossa Senhora do Morumbi, na Zona Sul da capital paulista, e o segundo grau no Logos, onde repetiu o primeiro colegial (hoje equivalente ao primeiro ano do ensino médio). "Nunca fui CDF e, naquela época, eu era muito namoradeira", afirma ela, em tom de brincadeira. Ana se lembra de uma relação amorosa, porém distante, com o pai na infância e adolescência:

> *O meu pai era muito carinhoso. Quando estava com a gente, era de pegar, de abraçar e de beijar. Eu me lembro muito dele indo me acordar de manhã na minha cama, desde pequenininha, para eu ir para a escola. Mas não era um pai muito presente, porque trabalhava demais, chegava em casa às dez horas da noite, estava sempre envolvido com as coisas da empresa* [...]. *Naquela época eu saía da escola e ia para a academia de dança quase todo dia e ficava lá umas quatro horas. Sempre adorei fazer balé e o meu pai não valorizava muito isso. Ele até ia às minhas apresentações de vez em quando, mas de nariz torto. O que ele gostava era de esporte. Ficamos mais próximos quando comecei a praticar tênis. Costumávamos jogar aos sábados e domingos* [...].
>
> *Em muitos finais de semana nós íamos para Campos do Jordão ou para o Guarujá. A lembrança mais nítida que tenho dessas viagens de carro é de meus irmãos e eu sentados no banco de trás e meu pai dirigindo, ouvindo futebol no rádio. Ele sempre foi doente por futebol. Ouvi tanto jogo no rádio que tenho trauma até hoje* (risos) [...].

Ana formou-se em administração de empresas pela FAAP — Fundação Armando Alvares Penteado. Foi como estudante que teve seu primeiro contato direto com a empresa da família. Fez um estágio de oito meses e conheceu quase todas as áreas do Pão de Açúcar — administração, lojas e depósitos. Casou-se, terminou a faculdade e continuou a dar expediente. Seu primeiro cargo não foi exatamente glamoroso — era assistente de compras da área de vestuário infantil da rede Sandiz. Em pouco tempo foi promovida a gerente do setor. O trabalho a aproximou do pai como nunca. "Virou meio que uma simbiose com ele, e era até engraçado porque não tinha muito espaço para outros", lembra ela. "Quando a família se reunia, a gente dominava muito as conversas. Devia ser até chato ficar ao nosso lado."

Grávida da primeira filha, Bruna, ela trabalhou até dois dias antes de dar à luz. Cinco meses depois, engravidou novamente. Por conta das filhas, ficou quase dois anos sem trabalhar (depois delas, Ana teria mais uma menina e um menino). Quando decidiu voltar ao batente, avisou ao pai que não retornaria ao Pão de Açúcar. Ao contrário de empresas familiares que hoje têm normas para regular a participação de seus membros nos negócios (há casos em que parentes são proibidos de atuar como executivos ou se exige que tenham experiência em outras empresas antes de se dedicar aos negócios da família), o Pão de Açúcar da época não tinha nada definido sobre a questão. Ana achou que era jovem e precisava ter uma experiência profissional dissociada do ambiente familiar. Como sempre gostara de escrever — e até cogitara estudar jornalismo resolveu bater na porta da Editora Abril. Foi contratada pela revista *Exame*.

A chegada de uma pessoa inexperiente — e herdeira de uma das maiores redes varejistas do país — foi encarada com ceticismo pelos colegas de redação. Ana sentia o peso da cobrança. "O Antônio Machado (*diretor da* Exame *na época*) sabia quem era meu pai e que a família era rica, mas não deu moleza. Tudo o que eu escrevia, ele queria ver e era sempre muito exigente", lembra. "Passar pela Abril foi a melhor decisão profissional que eu tomei em toda a minha vida, porque lá eu era vista e exigida de uma outra forma. Lá eu não era a filha do dono."

A herdeira do Pão de Açúcar atuava na revista havia quase três anos quando sua chefe a convidou para montar um negócio de serviços editoriais. Ana, que sempre tivera vontade de empreender, abraçou a oportunidade. A iniciativa era modesta. Ela e duas sócias dividiam a mesma sala num pequeno escritório na avenida Brigadeiro Faria Lima. Além delas, havia apenas uma secretária. Um mês depois de a empresa abrir as portas, veio o Plano Collor e os potenciais clientes sumiram. De repente, as moças se viram com o escritório às moscas, sem dinheiro sequer para pagar o salário da única funcionária. "Eu era superorgulhosa e não queria pedir dinheiro para o meu pai de jeito nenhum. Vivia do meu salário e de algumas aplicações, porque o meu avô sempre deu dinheiro para a gente nos aniversários", diz Ana.

Foi nessa época que Abilio procurou Ana e João Paulo. "Eu queria vocês perto de mim, porque aqui (*no Pão de Açúcar*) está um horror, não confio mais em ninguém. Preciso de vocês pra me ajudar", disse o empresário. Ana, que sempre tivera uma admiração profunda pelo pai — e buscara sua aprovação —, se sentiu valorizada com o pedido. Começou a se envolver cada vez mais com a companhia até que, em fevereiro de 1991, aos 29 anos, retornou formalmente à empresa.

Sua primeira tarefa foi comandar a área de imprensa e relações públicas — com a crise do Pão de Açúcar e a briga entre os irmãos controladores, a imagem da empresa estava muito desgastada. Logo depois, assumiu também a PA Publicidade, agência interna da companhia, que empregava quase 250 pessoas. Por sua energia, determinação e certa dose de arrogância, Ana Maria viria a ser chamada internamente de "Abilio de saias".

Dois anos mais novo que a irmã, João Paulo Falleiros dos Santos Diniz começou a praticar esportes na infância, por influência do pai. Para Abilio, tirar boas notas nos colégios Lourenço Castanho e Santa Cruz, onde João Paulo cursou os atuais ensinos fundamental e médio, era tão importante quanto se exercitar. Ainda criança, João Paulo foi inscrito num programa do Clube Pinheiros que promove uma iniciação a todos os esportes disponíveis na associação. Paralelamente, durante alguns anos se dedicou também ao taekwondo. No início de sua adolescência, a família se mudou para uma casa na rua Inocêncio Nogueira, no bairro do Morumbi, que tinha um campo de futebol. "Eu sempre batia bola com meu pai", recorda João Paulo. "Uma vez por semana ele reunia alguns jogadores profissionais e executivos do Pão de Açúcar para jogar. Um dos que sempre aparecia era o Leão (*ex-goleiro da seleção brasileira e depois técnico de futebol*)."

Tempos depois, o gramado foi substituído por uma quadra de tênis. Assim como Ana Maria, João Paulo começou a praticar o esporte. "Meu pai dizia que eu precisava jogar. Eu gostava, mas era uma coisa meio forçada.

O mesmo aconteceu com a natação, que eu também tinha que fazer no clube." Nada disso era apenas lazer. O garoto participava de campeonatos o tempo todo — e o pai queria medalhas. "Ele cobrava muito, mas raramente ia assistir às competições", conta João Paulo.

Para Abilio, estimular os filhos a alcançar objetivos cada vez mais altos era natural, um comportamento que ele aprendera na própria casa. Seu pai sempre o incentivara a competir. "Não tinha essa de 'espírito olímpico', o negócio era ir lá e ralar", diz o empresário. Mas, para ele, há uma distância entre a percepção dos filhos e o que de fato acontecia. "Acho que por serem meus filhos o sarrafo ficava alto e eles sempre quiseram se posicionar de modo firme em tudo o que fizeram [...]. Hoje a gente fala sobre isso, eles dão risada e dizem que eu sempre cobrei, mas não vejo exatamente assim."

Perto dos dezoito anos, João Paulo começou a jogar polo, em grande medida inspirado pelo tio Alcides. Passou a se dedicar de forma quase integral ao esporte e sua equipe ganhou até um campeonato sul-americano. Foi só nessa época, quando percebeu que o filho estava realmente levando aquilo a sério, que Abilio diminuiu a pressão:

> *Quando o meu pai tirou o pé, eu comecei a fazer outras coisas, como corrida, e a gostar daquilo. Aí, com 25, 26 anos, descobri o triatlo e adorei. Eu tinha uma namorada na época que era superesportiva e fizemos muitas provas juntos. Até que eu passei para competições mais longas, como* ironman (especialidade de triatlo duríssima que inclui 3,8 quilômetros de natação, 180 quilômetros de ciclismo e 42 quilômetros de corrida). *Foi legal porque levei meu pai para um esporte que ele não praticava. Ele começou a correr meio que por minha causa.*
>
> *Ana foi a primeira da família a fazer uma maratona, a de Nova York, em 1990. No ano seguinte, fui com ela. Meu pai nos acompanhou por uns quatro ou cinco anos. Naquela época eu estava desenvolvendo o Pão de Açúcar Clube, porque meu pai incentivava muito os funcionários a praticar esportes. Começamos a levar vários deles para correr em Nova York com a gente. Teve um ano em que nosso grupo chegou a quase cem pessoas — de caixas de supermercado a executivos.*

Para satisfação do pai, João Paulo se tornou um atleta de primeiro nível (por conta disso já foi submetido a mais de uma dezena de cirurgias em várias partes do corpo) e foi aprovado no vestibular de administração da FGV. Ainda na faculdade, começou a empreender. Junto com um colega de classe, montou uma franquia de lavanderias chamada Laundromat. Em seguida tornou-se sócio da rede de fast-food Mr. Fish. Ele tentava conciliar os negócios próprios com o trabalho no Pão de Açúcar, onde começou como *trainee*, aos 21 anos, atuando na área de orçamento e planejamento.

O pai preferia que João Paulo se dedicasse com exclusividade à empresa da família, mas ele queria trilhar o próprio caminho. "Dentro do Pão de Açúcar eu não era uma pessoa 'normal' — 50% das pessoas puxavam meu saco e os outros 50% queriam puxar o meu tapete", reflete João Paulo. (Ele nunca abandonou as iniciativas próprias em detrimento dos negócios da família. Sua holding, a Componente, atualmente detém participações em empresas como a rede de academias Bodytech, os restaurantes Dressing, Ecco e Forneria San Paolo e uma distribuidora de bebidas chamada Globalbev.)

João Paulo passou por várias áreas da varejista até encontrar algo de que realmente gostasse. Sua opção recaiu sobre a Express, primeira rede de lojas de conveniência do país, resultante de uma associação entre o Pão de Açúcar e a Shell e inaugurada em 1988. Ele se encantou com o projeto por duas razões. Primeiro porque lhe dava a possibilidade de estruturar o negócio desde o início. Além disso, tratava-se de uma unidade independente da empresa da família, com administração e depósito localizados no Largo do Socorro, na Zona Sul de São Paulo. Era o mais distante que o "filho do dono" poderia ficar de um negócio familiar. Permaneceu na Express por dois anos até que Abilio o convocasse para ajudar a recuperar a empresa. Assim como a irmã, João Paulo não teve como recusar o pedido.

Na luta para salvar o Pão de Açúcar, Abilio se cercou de gente que conhecia a empresa havia décadas, como Luiz Carlos Bresser-Pereira, e de pessoas em quem pudesse confiar, como Ana Maria e João Paulo. Mas ele precisava também de "sangue novo" no corpo executivo. Profissionais de mercado capazes de promover as mudanças necessárias e colaborar com os esforços para tirar o Pão de Açúcar do buraco. Vários forasteiros foram recrutados, mas nenhum teria tanta importância na reconstrução da empresa quanto o carioca Luiz Antônio Viana.

Indicado por um *headhunter*, Viana chegou ao Pão de Açúcar em agosto de 1991, com credenciais atípicas para o varejo. Então com 44 anos, era formado em engenharia mecânica pela Universidade Federal do Rio de Janeiro, com pós-graduação pela Pontifícia Universidade Católica do Rio e pela London Business School. Seu currículo incluía passagens pelo grupo Ultra, pelo BNDES e pelo International Finance Corporation, braço financeiro do Banco Mundial. Num tempo em que boa parte dos executivos das varejistas, tanto no Pão de Açúcar quanto nos concorrentes, era formada por gente de origem simples, que fez carreira dentro dos supermercados, Viana era uma espécie rara.

Contratado como diretor administrativo-financeiro, não demorou a fazer ajustes na companhia. A primeira vítima foi seu próprio departamento, cujo número de funcionários caiu de 220 para 92. Em pouco tempo tornou-se o braço direito de Abilio, ocupando o posto de diretor superintendente. Participava das reuniões semanais do comitê de fluxo de caixa, criado por Abilio para acompanhar detalhadamente os números da empresa naquele momento de crise. Também marcava presença nas diversas reuniões que Abilio fazia com os filhos e com Gerald Reiss, fora do horário do expediente, para definir um norte para o grupo. "O apelido dele (*Viana*) era Exterminador do Futuro, por causa dos cortes de pessoal que fez", revela Claudia Stüssi, que ingressou no Pão de Açúcar como secretária de Luiz Antônio Viana, com quem trabalhara por seis anos no grupo Ultra.

Abilio e Viana viriam a liderar uma das mais espetaculares reestruturações já vistas no Brasil. Estavam juntos dentro e fora da empresa — Viana se tornou companheiro contumaz de Abilio nas corridas e esteve ao seu lado até mesmo numa das maratonas de Nova York. Ainda que pareça paradoxal, foi com o sucesso que germinaram as primeiras rusgas. Ambos gostavam dos holofotes. Mas Abilio era o dono — e, como tal, evidentemente tinha mais força e poder. Não havia espaço para duas estrelas brilharem.

Capítulo 10

Da "lavanderia" para a França

O corte de custos, os empréstimos, a venda de ativos, tudo isso fez com que o Pão de Açúcar conseguisse respirar de novo. Os fornecedores e os impostos aos poucos voltaram a ser pagos. As gôndolas recebiam produtos antes em falta. Os clientes retornavam às lojas. Ainda havia muito a fazer, mas Abilio não estava mais com a corda no pescoço. No final de 1991, o balanço da empresa apontou um lucro de 3 milhões de dólares — número relativamente modesto e em boa medida inflado pela venda de imóveis, mas animador para uma companhia que havia pouco estava à beira da concordata.

Para reconstruir o Pão de Açúcar do jeito que queria, Abilio precisava afastar o restante da família. Alcides, o irmão que lhe fazia oposição de forma mais aberta, já estava fora. Abilio precisava agora se livrar de Arnaldo, Sonia, Vera e Lucilia.

A oportunidade surgiu logo após a venda da operação do Pão de Açúcar em Portugal por 320 milhões de dólares. Numa operação conhecida como *management buyout,* os próprios executivos da empresa portuguesa adquiriram seu controle. "Era julho e eu estava esquiando em San Martín de Los Andes *(Argentina)* com minhas filhas", conta Ana Maria Diniz. "Liguei para meu pai de uma cabine telefônica e, quando ele contou, foi um alívio."

Tomar a decisão de passar adiante a operação portuguesa, que ele havia pessoalmente construído, foi doloroso para Abilio. Mas ele sabia que era necessário para pagar as contas. "Consegui fazer aquele negócio tão bem-feito, mas tão bem-feito, que ainda fiquei com 20% da empresa de Portugal", comenta ele. "E trouxemos para cá dinheiro suficiente para pagar empréstimos, dívidas e ficar com uma situação líquida confortável para fazer o acerto de família."

Como nada é simples quando se trata da dinastia Diniz, esse capítulo também se mostraria turbulento. Os irmãos repudiaram as primeiras ofertas de Abilio e mais uma vez a queda de braço ganhou a imprensa. "Nós já formamos um clã cuja norma era lavar a roupa suja em casa. Agora a roupa suja é tanta que teríamos que usar uma lavanderia", declarou Sonia Maria Diniz à revista *Veja,* em 1992. Os irmãos acusavam Abilio de má administração. Arnaldo e Sonia entraram com dois processos na Justiça contestando operações conduzidas pelo primogênito à frente do Pão de Açúcar. Diziam que, embora tivessem assentos no conselho de administração, quem dava as cartas de fato, sem se abalar com a opinião dos demais conselheiros, era Abilio.

Insatisfeitos com as propostas, os irmãos subiam o tom. Acusavam o mais velho de manipular o pai e de, num acesso de raiva, ter empurrado a mãe — na disputa entre os filhos, a matriarca nunca apoiou Abilio (segundo o empresário, o empurrão jamais aconteceu). "Teve um momento que a dona Floripes disse que queria me matar, porque eu estava prejudicando os filhinhos dela", diz Luiz Carlos Bresser-Pereira, que esteve no epicentro do confronto, negociando em nome de Abilio. "Dona Floripes era uma mulher poderosa. O Abilio puxou a esperteza do pai e o poder da mãe."

A "lavanderia pública" dos Diniz atingiu o ápice no início de 1993, quando dona Floripes decidiu ir à Justiça contra o filho e o marido. Segundo ela, Abilio e seu Santos a haviam instruído a assinar documentos que depois teriam sido alterados. Tudo para garantir que Abilio ficasse com o controle acionário. Ela considerava inadmissível que o marido se tornasse acionista minoritário e os demais filhos fossem, a seu ver, prejudicados na distribuição da herança.

Em fevereiro daquele mesmo ano, depois que seu Santos e Abilio convenceram Sonia, Vera e Lucilia a fazer um acordo, os advogados de dona

Floripes entraram com uma notificação judicial na 20ª Vara Cível da capital paulista contra os cinco. O imbróglio havia deixado de ser uma briga entre irmãos. Agora também era uma briga de marido e mulher e de mãe com filhos. Seu Santos, descrito por várias pessoas que o conheceram como um homem educado e cordial, havia perdido completamente o controle da situação.

Ainda que a briga no Pão de Açúcar fosse de longe a mais ruidosa, outras grandes empresas familiares brasileiras também enfrentavam disputas por poder naquela época. Na fabricante de autopeças Cofap, por exemplo, o fundador, Abraham Kasinski, e seus filhos, Renato e Roberto, viviam um período tão tenso que só se comunicavam por meio de advogados. A empresa, que chegou a ser a maior do setor no Brasil, acabaria vendida para a italiana Magneti Marelli no final dos anos 1990. Outro clã em pé de guerra foi o Ometto, tradicional produtor de açúcar e álcool do interior paulista. A queda de braço entre os membros da família também foi parar na Justiça e só se resolveu em 1996, quando foi assinado um acordo acionário que dividiu o patrimônio em jogo. Rubens Ometto transformaria suas usinas no grupo Cosan, atualmente um dos líderes em infraestrutura e energia no país. A pendenga, porém, ensinaria a Ometto que gestão e laços familiares são coisas que devem ficar separadas. "Do contrário, a fofoca e a política podem destruir um negócio, como por pouco não ocorreu conosco", disse o empresário certa vez.

No caso dos Diniz, o Pão de Açúcar foi preservado, mas os laços familiares ficaram esfacelados. Até hoje o relacionamento entre os irmãos é distante. Alcides só voltou a falar com Abilio quando estava à beira da morte. Depois de muitas idas e vindas, no final de 1993 chegou-se a uma fórmula que todos aceitaram. Valentim dos Santos Diniz — e, por consequência, dona Floripes (que viria a falecer em junho de 2013) — abriu mão do controle da companhia, ficando com 36,5% das ações. Lucilia permaneceu como acionista, com 12%. Arnaldo recebeu 70 milhões de dólares pelos 10% que possuía e foi se dedicar a outros negócios (como a agência Stella Barros Turismo). Sonia e Vera embolsaram, cada uma, 50 milhões de dólares por seus lotes de ações. Os pagamentos aos três irmãos foram feitos parte em dinheiro e parte em imóveis — alguns alugados ao próprio Pão de Açúcar.

Abilio finalmente conseguiu o que tanto queria: 51,5% das ações do Pão de Açúcar. "Ele pagou um preço alto por ter que brigar com a família toda, mas a empresa teria ido para o brejo se ele não tivesse dominado aquilo", afirma um empresário que acompanhou a situação de perto.

Poucos períodos na trajetória profissional de Abilio Diniz foram tão auspiciosos quanto os primeiros anos que se seguiram ao afastamento de seus irmãos. Depois que se tornou o legítimo controlador do Pão de Açúcar, dispôs-se a moldá-lo à sua imagem e semelhança. Pela primeira vez, pôde ditar as regras na empresa sem prestar contas aos familiares. A companhia não estava mais dividida em "capitanias hereditárias" e ele tinha a oportunidade de colocar em prática tudo o que havia aprendido sobre varejo nas últimas décadas. Podia finalmente escolher todas as pessoas com quem iria trabalhar e determinar como a empresa poderia voltar a crescer.

Os anos de pindaíba haviam extinguido os investimentos na rede. As lojas da bandeira Pão de Açúcar estavam envelhecidas, feias e sujas. Para piorar, a companhia tinha entre os consumidores a fama de cara. Mudar essa imagem se tornou uma das prioridades de Abilio. Parte da tarefa de revitalizar as lojas ficou a cargo de George Washington Mauro, que ingressara na companhia em janeiro de 1993 como diretor da bandeira Pão de Açúcar (as outras grandes marcas da rede, Extra e Eletro, eram comandadas por Marcos Escudeiro e Alexandre Bossolani, respectivamente). Washington, como é conhecido, já era um profissional experiente no varejo. Havia trabalhado no Carrefour e na Sendas. Quando chegou à empresa de Abilio, ficou chocado com o que viu. "As lojas eram podres e as perdas eram imensas", resume.

Logo nos primeiros dias Washington atendeu ao telefonema de uma cliente que reclamava das condições de uma loja na rua Fernando de Albuquerque, no bairro da Consolação, em São Paulo. Na manhã seguinte, convocou alguns funcionários e foi ver a situação de perto:

> *Depois que olhei aquilo sentei na sarjeta e comecei a achar que tinha amarrado meu burro no lugar errado. A coisa estava muito feia. Pensei um pouco e voltei para dentro. Mandei todo mundo embora, do funcionário*

mais simples ao gerente. Aquilo tinha que ser mudado completamente. A parte de frutas, verduras e legumes era um horror, cheia de produtos sem a menor condição de estar à venda. Fechei a loja na mesma hora. Chamei a turma que foi comigo e todo mundo tirou paletó e gravata e arregaçou as mangas. Juntos, pegamos vassouras, baldes, rodos e limpamos aquilo. O lugar só foi reaberto três dias depois, com equipe nova e produtos em ordem.

Washington não podia organizar pessoalmente cada unidade — embora tenha participado de mutirões de limpeza e pintura de lojas mais de uma vez —, mas o exemplo dado deixou claro qual seria o novo modelo. Quem entendeu o recado se adequou, enquanto outros ainda tentavam se manter no velho esquema de pouco controle. "Tinha gente que aparecia para trabalhar às nove e meia", diz Washington. "Varejo é trabalho duro, tem que chegar cedo!" Segundo o executivo Abilio lhe deu carta branca para fazer as mudanças necessárias.

Uma das mais drásticas foi a implementação de uma política de tolerância zero para produtos vencidos. De acordo com Washington, na época as lojas costumavam deixar nas gôndolas itens com a data de validade vencida — às vezes deliberadamente, para desovar o estoque, noutras ocasiões por pura falta de controle. Era comum que clientes fizessem denúncias contra a rede. "Toda hora a Decon (*Delegacia do Consumidor*) prendia um gerente nosso por causa disso", diz o executivo. "Tínhamos que mandar advogado, pagar fiança, uma loucura." Para colocar um ponto final na história, Washington convocou 180 gerentes de lojas para uma reunião no hoje extinto Teatro Zaccaro. Avisou a todos que, a partir daquele momento, quem insistisse em vender produtos vencidos estaria por sua conta e risco. A empresa não pagaria mais fiança nem despacharia advogado para tirar o infrator da delegacia. "Sabe o que aconteceu? O problema acabou."

Washington respondia diretamente a Viana, mas em diversos momentos atuou também ao lado de Ana Maria Diniz, que a essa altura cuidava de todo o marketing da companhia. Um dos desafios da herdeira era apagar a fama de supermercado careiro associada ao Pão de Açúcar. "A gente estava operando mal, gordo pra caramba, com as margens espremidas. Era preciso subir preço de muita coisa, mas sem impactar nossa imagem", lembra ela.

A saída foi começar um trabalho para mostrar que em algumas áreas a empresa tinha preços competitivos. O primeiro foco foi na seção de frutas, verduras e legumes — o que exigiu renegociação com fornecedores e disposição para encarar uma margem ainda menor. Por meio de promoções e ofertas, a varejista tentava atrair os consumidores para o setor de perecíveis. Os resultados foram tão animadores que o Pão de Açúcar decidiu ampliar a iniciativa. George Washington, um homenzarrão de 1,90 metro de altura e jeito bonachão, se tornou garoto-propaganda da marca. Por quase oito meses, apareceu em comerciais na Rede Globo, durante a novela das oito, anunciando as ofertas.

"Colocar um executivo em rede nacional para falar da empresa foi uma tacada que deu muita credibilidade. A partir dali a gente começou a reverter a imagem negativa do Pão de Açúcar", recorda Ana Maria. O próprio Abilio viria a protagonizar um comercial no ano seguinte, criticando a forma abusiva como a grande indústria convertia os preços de seus produtos para a URV (Unidade Real de Valor), índice que antecedeu a entrada em vigor do Plano Real e funcionou como uma espécie de moeda transitória.

Usar um executivo da própria companhia não era exatamente uma ideia original. Ana Maria e Viana, os mentores do comercial estrelado por Washington, se inspiraram no americano Lee Iacocca, ex-presidente da Chrysler, que havia protagonizado comerciais de TV nos anos 1980 como parte da estratégia para tirar a montadora do buraco. Iacocca foi tão bem-sucedido na tarefa que acabaria por se tornar um dos homens de negócios mais reverenciados do século XX.

Copiar iniciativas que deram certo sempre fez parte do repertório de Abilio Diniz. Desde o começo de sua carreira no Pão de Açúcar ele costumava realizar viagens internacionais para conhecer o que havia de mais moderno no varejo. Com o tempo, alguns de seus executivos passaram a ser convidados para acompanhá-lo. Ficar de olho no que funcionava fora do Pão de Açúcar e depois adaptar para a realidade da empresa era uma máxima que servia tanto para a incorporação de esteiras rolantes em grandes lojas, que Abilio vira na Suécia, quanto para as propagandas estreladas por George Washington.

Nessa nova fase da companhia, a prática do *benchmarking* passou a ser mais estruturada. Numa reunião do conselho de administração do Pão de Açúcar em Portugal, Abilio, que havia vendido a maior parte da empresa mas mantivera um assento no conselho, conheceu um novo membro. Canadense, Gerard Virthe atuava como consultor de varejo e era autor de alguns livros sobre o tema. Logo de cara os dois começaram a discutir sobre o Walmart. Virthe acreditava que a rede em breve se tornaria um forte concorrente do Pão de Açúcar no Brasil. Abilio, embora respeitasse o gigante americano, pensava que ainda demoraria algum tempo para que a marca criada por Sam Walton representasse perigo para as companhias instaladas por aqui. (O Walmart viria a desembarcar no país em 1995, por meio de uma associação com as Lojas Americanas, mas demoraria vários anos até finalmente engrenar.)

Abilio gostou do debate e convidou o consultor para conhecer o Pão de Açúcar. Virthe desembarcou semanas depois — ele faria mais de uma centena de viagens ao Brasil nos quinze anos seguintes, enquanto atuou como consultor da varejista brasileira. Depois de um raio X que incluiu conhecer inúmeras lojas, mergulhar nos números e conversar com diversos executivos, ele estava pronto para sugerir o primeiro roteiro de visitas a companhias norte-americanas.

Pouco tempo depois, Abilio e um grupo de executivos embarcariam com destino a Estados Unidos e Canadá para uma viagem de uma semana, durante a qual iriam a dezenas de pequenas e grandes varejistas nas cidades de Atlanta, Toronto, Montreal, Boston e Nova York. Não era a primeira vez que Virthe organizava encontros dessa natureza para seus clientes. No caso do Pão de Açúcar, o comportamento de Abilio lhe chamou a atenção:

> *Esse tipo de programa é sempre muito intenso. Normalmente depois das primeiras visitas o principal executivo (ou o presidente do conselho, se ele também estiver presente) deixa o grupo para ir fazer outras coisas — atender ao telefone, participar de reuniões etc. — e volta no final. Isso é ruim, porque ele acaba perdendo muita coisa e nem tudo pode ser recuperado. Ao contrário da esmagadora maioria dos altos executivos que eu conhecera até então, Abilio participou de tudo. Foi a partir dessa experiencia que ele*

estabeleceu que os executivos do Pão de Açúcar tinham que visitar uma de suas lojas toda semana. Isso era feito antes, mas não de forma sistemática. Poucos varejistas no mundo tinham essa disciplina pra conferir de perto e com regularidade a operação. O pessoal do Walmart sempre fez. E o Pão de Açúcar seguiu o mesmo caminho.

No interior das lojas, a transformação refletia as mudanças pelas quais a sociedade passava. Desde 1990, no governo de Fernando Collor de Mello, o mercado brasileiro começara a se abrir para as importações. Em paralelo, cada vez mais mulheres ingressavam no mercado de trabalho, o que impactava a renda familiar e os hábitos de consumo. Entre 1985 e o fim da década seguinte, a participação feminina na população economicamente ativa saltou de 33% para 40%. Elas agora tinham mais dinheiro para gastar e menos tempo para ficar em casa. O Pão de Açúcar precisava adaptar suas gôndolas a essa nova realidade e começou a fazer testes nas lojas.

Um deles, capitaneado pelo consultor Virthe, aconteceu no Pão de Açúcar da Teodoro Sampaio, movimentada rua da Zona Oeste de São Paulo. Virthe acreditava que nos supermercados brasileiros a maior parte dos produtos era de qualidade média e giro grande. Os importados eram poucos e caríssimos. Ele sugeriu usar um espaço da loja como "laboratório", onde reuniriam marcas sofisticadas com preços mais acessíveis do que os disponíveis no mercado. "Era inviável querer uma margem bruta de 70% nos itens importados e algo entre 10% e 15% nos regulares", diz Virthe.

Um mês depois ele voltou à loja. O teste havia sido um sucesso. "O varejo brasileiro da época era um campo aberto, pronto para ser ocupado por alguém que conseguisse se mover rápido. E o Abilio era muito rápido [...]. Sempre que concordávamos em tentar uma coisa nova, ele fazia com que aquilo acontecesse imediatamente", lembra o consultor. A iniciativa-piloto foi estendida a outras lojas.

A prática de inovar para se aproximar do consumidor faria do Pão de Açúcar um pioneiro em várias frentes. Em maio de 1993, a relações-públicas Vera Giangrande assumiu o recém-criado posto de ombudsman da rede, com o objetivo de ouvir os clientes e representar seus interesses na companhia. Aquilo era inédito no setor (vale lembrar que o Código de Defesa do

Consumidor começara a vigorar cerca de três anos antes). Dois anos depois, a empresa deu início ao Pão de Açúcar Delivery, transformando-se na primeira varejista do país a vender pela internet.

Em 2000, a rede lançou o Cartão Mais, versão para o varejo dos já conhecidos cartões de milhagem de companhias aéreas. A ideia era fidelizar a clientela e, ao mesmo tempo, usar os dados de compra para analisar melhor seus hábitos de consumo. No mesmo ano, começou a vender a GoodLight, marca de produtos de baixa caloria criada por Lucilia Diniz. A irmã de Abilio era a garota-propaganda perfeita para a nova linha, que se antecipava a mais uma mudança de comportamento dos consumidores: a busca por alimentos mais saudáveis. Lucilia, uma ex-obesa que chegara a marcar 120 quilos na balança, exibia agora uma silhueta enxuta, com metade do peso. Os itens da linha — de gelatinas a massas — espalharam-se pelas gôndolas do Pão de Açúcar, até que em 2006, depois de desentendimentos comerciais entre os dois irmãos, a GoodLight deixou de ser vendida na rede da família (a marca própria Taeq, criada pouco tempo antes, ocupou seu lugar).

Nem todas as iniciativas pioneiras vingaram. Um dos fracassos foi o amelia.com, lançado no início de 2000 com a ambição de se tornar um portal com todo tipo de produto e serviço para a administração do lar. Na prática, além de vender alimentos e eletrodomésticos, teria parceiros como floriculturas, lavanderias e sapatarias. A ideia era aproveitar o boom da internet e transformar o amelia.com numa empresa independente, com ações negociadas na Bolsa. O Pão de Açúcar só não contava com o estouro da bolha da Nasdaq, em março de 2000, que esvaziou instantaneamente o interesse nas ponto com. O amelia.com foi um dos vitimados pela crise, encerrando as atividades menos de dois anos depois da sua criação.

Em grande medida, o Pão de Açúcar só pôde investir em novas linhas, produtos e serviços porque havia debelado a crise que o deixara à beira da morte. Mais que isso: voltara a crescer e a atrair investidores. Abilio sabia que era preciso ganhar escala para se defender de gigantes globais como Walmart e Carrefour, que mantinha a liderança do setor no Brasil. Para isso, era preciso injetar capital na companhia — e esse dinheiro não viria do bolso dos Diniz.

O primeiro passo foi preparar a companhia para a abertura de capital. O banco de investimentos britânico S. G. Warburg & Co. e o brasileiro BBA ficaram responsáveis por estruturar a operação. Naquela época o número de IPOs (sigla em inglês para Oferta Pública de Ações) no Brasil era reduzido. Segundo a BM&FBOVESPA, apenas seis aberturas ocorreram entre 1995 e 2003. Nenhum varejista de alimentos tinha ações negociadas na Bolsa. "Na mesma época em que decidimos realizar a operação veio a notícia de que o banco Patrimônio faria a abertura de capital da Arapuã", lembra Candido Bracher, presidente do Itaú BBA. "Chegamos a falar com eles que aquilo não seria muito inteligente, porque o mercado era pequeno e as duas companhias eram do mesmo setor, mas todo mundo seguiu adiante." Em outubro de 1995, o Pão de Açúcar fez sua abertura de capital, levantando 112,1 milhões de dólares.

Dois anos depois, a companhia voltou a procurar investidores. Por meio de uma emissão de ADRs (American Depositary Receipts, títulos representativos de ações de empresas de fora dos Estados Unidos negociados na Bolsa de Nova York), o Pão de Açúcar se tornou a quarta empresa brasileira com papéis naquele mercado. Levantou 172,5 milhões de dólares.

A engorda do caixa foi vital para a expansão da companhia. Em 1997, o Pão de Açúcar iniciou uma onda de aquisições sem precedentes em sua história. "Compramos 35 redes em quinze anos", diz o paulista Caio Mattar, que começou a trabalhar com Abilio no início dos anos 1990, primeiro como prestador de serviço e depois como um dos principais executivos. Mattar só deixaria a empresa em 2012. quando ocupava o posto de vice-presidente de negócios especializados. Durante todo esse período, foi responsável por diversas áreas, como expansão, obras, e fusões e aquisições. Atualmente, é um dos conselheiros da Península.

As primeiras aquisições foram de pequenas redes familiares, como as paulistas Mambo, Ipical e Pamplona e a fluminense Freeway. Logo as compras ficaram maiores. Em 1998, o Pão de Açúcar arrematou o Barateiro, que tinha 32 lojas, e arrendou treze unidades da G. Aronson. Mattar explica que, em geral, os negócios obedeciam à mesma lógica:

Abilio procurava redes familiares que estivessem em dificuldades e sugeria que o dono lhe vendesse o fundo de comércio, mas mantivesse os imóveis. Ele compraria os pontos, transformaria em lojas do Pão de Açúcar ou do Extra e pagaria aos donos dos imóveis 1,5% da receita da loja. Para o empresário que estava apertado, aquilo era a oitava maravilha do mundo. Ele ganhava com a venda do ponto, mantinha os imóveis e garantia renda por muitos anos, porque esses contratos eram de longo prazo. Para o Pão de Açúcar, era mais barato e rápido do que comprar terrenos e construir lojas.

O Pão de Açúcar não era o único que se mexia para ganhar musculatura. O setor varejista como um todo vivia o início de um movimento de consolidação. Em 1997, as cinco maiores redes do país detinham 27% do mercado. Foi então que partiram para as compras. O Carrefour arrematou o Eldorado, 23 unidades das Lojas Americanas e diversas cadeias regionais. Os holandeses do Royal Ahold, que haviam comprado 50% do nordestino Bompreço em 1996, levaram a outra metade em 2000 (a operação seria vendida ao Walmart em 2004). Finalmente, os portugueses da Sonae investiram em redes no Rio Grande do Sul e no Paraná, tornando-se os maiores varejistas da região (em 2005, o Walmart compraria a Sonae brasileira por 1,7 bilhão de reais). Essas aquisições mudariam a cara do varejo nacional. Em 2001, as cinco maiores já detinham 40% do faturamento do setor.

As varejistas se tornariam tão poderosas que o jogo de forças com os fornecedores seria completamente invertido: a indústria, que sempre dera as cartas, teria que se curvar aos supermercadistas. Nenhum episódio ilustrou tão bem essa queda de braço quanto um embate envolvendo a Nestlé e a rede dos Diniz em agosto de 2001. O então diretor comercial do Pão de Açúcar, Luiz Antônio Fazzio, no cargo havia dez dias, reuniu-se com Ricardo Athayde, diretor comercial da subsidiária brasileira da Nestlé. Ao final do encontro, Athayde comunicou que uma nova tabela de preços entraria em vigor. Os dois discutiram por alguns minutos, até que, ao final, o executivo da Nestlé disse que os preços subiriam quatro dias depois.

O executivo do Pão de Açúcar ficou furioso. Fazzio é um homem enérgico, que fala alto e firme e franze o cenho quando contrariado. É direto e objetivo, sem se importar se suas declarações são bem recebidas. Construíra toda sua carreira no varejo, acumulando passagens por Mesbla, Makro e Walmart. Desde que ingressara no Pão de Açúcar, quatro anos antes, ganhara a simpatia e a confiança de Abilio.

Quando Fazzio irrompeu furioso em sua sala, o empresário o escutou com atenção. "Nos últimos dois anos ouvi você falar muitas vezes que o comercial não tinha peito', exigia pouco dos fornecedores e precisava jogar duro com um grandão para dar o exemplo para todo mundo", disse Fazzio. "Bom, eu tenho um grandão pra você: a Nestlé." Surpreso, Abilio tirou os óculos, colocou-os sobre a mesa e perguntou o que havia acontecido. Ouviu as explicações e imediatamente telefonou para o advogado Hermes Marcelo Huck (pai do apresentador Luciano Huck), que prestava serviço para o Pão de Açúcar. Queria consultá-lo sobre as eventuais implicações jurídicas do que estava disposto a fazer: reduzir de setecentos para cem o número de itens da Nestlé expostos nas gôndolas dos supermercados. O advogado deu sinal verde. Em seguida, Abilio chamou a filha Ana Maria e os executivos Augusto Cruz e José Roberto Tambasco, que integravam o comitê executivo. Todos apoiaram a decisão.

Na manhã seguinte, Fazzio enviou um e-mail para todas as lojas determinando que os produtos da Nestlé fossem retirados dos espaços nobres e das promoções. Ele avisava também que o Pão de Açúcar pararia de comprar seiscentos itens da marca (considerando-se as variações de peso, cor e sabor de cada produto) — os concorrentes deveriam ocupar o vácuo deixado pela fabricante suíça. Pedia disciplina aos gerentes para que as recomendações fossem seguidas à risca, porque aquele era um "ponto de honra do Pão de Açúcar".

Perto de meio-dia seu telefone tocou. Era Ricardo Athayde, que acabara de ter acesso ao e-mail redigido por Fazzio. Estava estupefato. Como o Pão de Açúcar excluiria uma das maiores fabricantes de alimentos do país de suas lojas? "A gente não morre sem vocês e provavelmente vocês não vão morrer sem a gente. Por enquanto é isso", disse Fazzio.

O boicote já se estendia por quase quatro meses quando Abilio e Fazzio tiveram uma reunião com Ivan Zurita, que acabara de substituir Ricardo Gonçalves na presidência da Nestle, e Bernardino Costa, novo diretor comercial da fabricante de alimentos. Os quatro não chegaram a um acordo, mas avançaram nas discussões.

Dias depois, Costa e Fazzio se encontraram de novo. "Para voltar a comprar, queremos 10% de desconto sobre a tabela antiga", disse Fazzio. "Você me entrega esse preço, eu não tenho limitação de quantidade para comprar e aí você vira a tabela." Costa saiu da sala para dar um telefonema. Quando voltou, propôs um desconto de 5%. O acordo foi fechado. O Pão de Açúcar comprou um volume tão grande de mercadorias com desconto que teve estoque de alguns itens por até seis meses.

O processo de IPO e o lançamento de ADRs em Nova York foram um bom começo para capitalizar o Pão de Açúcar. Mas, se quisesse fazer mesmo frente ao avanço dos concorrentes, seria necessário conseguir mais capital — eventualmente de um varejista estrangeiro que aceitasse uma participação minoritária na companhia e servisse como via de acesso para o mercado internacional.

"A lógica do Abilio sempre foi olhar o potencial de crescimento da empresa e, em 1999, o Pão de Açúcar estava razoavelmente alavancado", lembra Candido Bracher. O nível de endividamento da empresa naquele ano se aproximava de 53% dos ativos totais, segundo a edição *Melhores & Maiores* da revista *Exame* — elevado, mas não muito distante dos seus principais concorrentes à época. "O que ele queria do sócio era principalmente capital. Se pudesse trazer algum conhecimento específico de gestão ou de tendências do setor, como a questão de marcas próprias, sobre a qual se falava muito na época, melhor", completa Bracher.

Manter contato com redes do exterior sempre foi um hábito de Abilio, portanto não foi difícil conversar com potenciais candidatos. Uma das companhias procuradas foi a francesa Auchan, que em 1996 havia comprado o controle da operação portuguesa do Pão de Açúcar. Como a fatia remanescente de Abilio na empresa de Portugal ainda lhe garantia um assento no conselho de administração, o empresário brasileiro começou a conviver mais com os franceses. Não demorou para que insinuasse a possibilidade de uma sociedade no Brasil. Conversas parecidas aconteceram também com representantes do Walmart e do Carrefour. Mas foi com o grupo francês Casino, até então desconhecido no Brasil, que a coisa engrenou.

O primeiro contato do varejista francês com Abilio se deu em 1996. Foi Georges Plassat, na época o principal executivo do Casino, quem se encontrou com o empresário brasileiro. Pouco depois, agendou outra reunião, dessa vez com Luiz Antônio Viana. Em 1997, Plassat deixaria o Casino, por conta de desentendimentos com Jean-Charles Naouri, e o "namoro" esfriaria. As duas empresas só iniciaram de fato a negociação quase dois anos depois. (Plassat, que em 2012 seria contratado como CEO e presidente do conselho do Carrefour, voltaria a cruzar o caminho de Abilio quase dezesseis anos depois daquele contato inicial.)

No início de 1999, Candido Bracher embarcou para Paris a fim de se encontrar com Jean-Charles Naouri. Antes de viajar, decidiu testar um site recém-lançado que prometia reunir informações sobre todos os assuntos: o Google. Bracher digitou no campo de busca o nome do sujeito a quem seria apresentado. Ficou impressionado com o que leu:

> *Ele era um judeu argelino que fizera fortuna na França por meio de uma série de aquisições, algumas delas polêmicas* [...]. *Eu vi que era um homem que sabia brigar e que os adversários faziam muitas críticas a ele. Mas a família Guichard, por exemplo, sócia do Casino, tinha ficado grata (pelo bloqueio que Naouri fizera à tentativa de aquisição hostil do Casino pelo Promodès). Tinha um currículo acadêmico admirável, era um latinista, capaz de ler autores gregos no original. Um* pied-noir (termo utilizado para identificar os descendentes de europeus que regressaram à França depois da independência da Argélia) *que havia ascendido num ambiente preconceituoso como a sociedade francesa. Não dava para ser maniqueísta em relação ao Naouri. Ele não era um homem comum.*

Nascido em 8 de março de 1949 na Argélia, filho de pais franceses, Jean-Charles Naouri é tudo menos um homem comum. Aos dezessete anos, mudou-se para Paris para estudar na École Normale Supérieure, onde viria também a obter o doutorado em matemática (embora tenha dupla cidadania, prefere ser considerado "francês", e não "franco-argelino"). Mais tarde cursou administração na Universidade Harvard e fez uma especialização na École Nationale d'Administration. Em 1984, tornou-se chefe de gabinete do Ministério da Economia no governo François Mitterrand. Três anos depois, com o fim do mandato de Mitterrand, migrou para a iniciativa privada, tornando-se sócio do banco Rothschild et Cie. Em paralelo, montou um fundo de investimentos chamado Euris. Foi nesse fundo que surgiu o embrião do que atualmente é o Casino.

A princípio, o Euris estava voltado para fazer investimentos minoritários em grupos industriais. Tudo mudou quando Naouri adquiriu uma pequena varejista francesa chamada Rallye, em 1991. Foi a partir dela que o gênio financeiro viria a se transformar no rei do varejo francês. Em 1992, Naouri se aproximou da família Guichard, herdeira do Casino. Em troca da Rallye, recebeu 30% do capital da varejista. O maior salto, porém, veio em 1997, quando a concorrente Promodès fez uma oferta hostil pelo Casino. Naouri articulou uma estratégia de defesa para garantir a independência da companhia. Venceu, depois de quatro meses de disputa. De quebra, passou a ser o controlador do Casino Guichard Perrachon.

Frio, como convém a um financista, Naouri é também um sujeito objetivo, formal, educado, econômico com as palavras e que raramente levanta o tom de voz. "Tive o imenso prazer de ser recebido por ele por quinze segundos quando fui demitido", comenta, com ironia, um ex-executivo do Casino. Prefere ter conversas individuais com os membros de sua equipe em vez de conduzir grandes reuniões com o time completo. É tão reservado que muitas pessoas próximas não conhecem sua família. Quando seu segundo filho nasceu, Naouri não avisou a ninguém na companhia e deu expediente normal. Quem trabalhou com ele diz que é um sujeito metódico, tenso e desconfiado. "Ele sofre de paranoia avançada", diz uma pessoa que o conhece de perto. "Fica o tempo todo pensando que os outros querem atacá-lo ou enfraquecê-lo."

Poucos meses após a primeira reunião de Bracher com Naouri, um novo encontro foi agendado. Na noite de 17 de maio de 1999, uma segunda-feira, um grupo de oito pessoas compareceu a um jantar na casa do banqueiro David de Rothschild. Entre eles, Abilio Diniz, Jean-Charles Naouri e Candido Bracher. O namoro entre franceses e brasileiros ia de vento em popa.

O principal interlocutor do Casino na negociação era o francês Pierre Bouchut. O executivo ingressou na empresa em 1990 e ascendeu até se tornar CEO. Deixou o Casino em 2005 e atualmente é vice-presidente executivo e CFO (*Chief Financial Officer*) do varejista belga Delhaize. (Depois da saída de Bouchut, Naouri passou a acumular os cargos de presidente do conselho de administração e principal executivo do Casino.)

Pela parte do Pão de Açúcar, quem estruturou a operação e tocou o dia a dia das negociações foi Pércio de Souza, então sócio do banco de investimentos BBA. Formado em engenharia civil pela Universidade Federal do Paraná, Pércio, como é mais conhecido no mercado, ingressara no BBA em 1992 (antes disso trabalhara na operação brasileira do Citibank). Tornou-se o responsável pelas áreas de mercado de capitais, fusões e aquisições e pela corretora. Pércio é um sujeito arguto, assertivo e de poucos sorrisos. À época com menos de quarenta anos, já fizera fama como um banqueiro tão habilidoso quanto agressivo. Diplomacia era uma palavra que não fazia parte de seu vocabulário. Ele se aproximara do Pão de Açúcar anos antes, quando a rede de Abilio tentava arrematar o Eldorado (que no final foi comprado pelo Carrefour). Logo de cara Pércio e Luiz Antônio Viana se estranharam. O executivo do Pão de Açúcar queria explicar ao banqueiro como a negociação deveria ser conduzida. Pércio não gostou da interferência. Depois de uma discussão mais áspera, eles ficaram dois anos sem se falar.

Quando surgiu o negócio do Casino, em que o BBA estaria envolvido, Pércio foi conversar com Viana e os dois voltaram às boas. Foi nessa época que se aproximou de Abilio. "Ele tinha uma personalidade muito forte, era incisivo e pouquíssimas pessoas o contrariavam", conta Pércio. Ironicamente, um estilo bastante parecido com o do próprio banqueiro. Com temperamentos tão semelhantes, era de se imaginar que Abilio e Pércio entrariam em rota de colisão. Aconteceu o oposto. O banqueiro se tornaria pelos anos seguintes um dos homens de confiança do empresário. Em 2003, quando Pércio deixou o BBA e montou a Estáter, o Pão de Açúcar se tornou um dos primeiros e maiores clientes.

As negociações entre Casino e Pão de Açúcar atravessaram meses. Pouco antes da conclusão, o Auchan se aproximou para fazer uma oferta. Pércio marcou uma reunião com representantes da rede em Madrid — apresentou as condições e voltou ao Brasil no mesmo dia. Os cinco espanhóis sentados à sua frente não aceitaram uma das regras impostas — serem minoritários na empresa brasileira — e a conversa não avançou.

Finalmente, em agosto de 1999, o Casino comprou 24,5% do Pão de Açúcar por 854 milhões de dólares. Fazzio, então diretor-executivo de hipermercados do Pão de Açúcar (ele depois viria a presidir as operações brasileiras da C&A e do Carrefour), estava com Abilio quando o empresário soube da conclusão do negócio:

> *Tínhamos ido num grupo de umas oito pessoas para o Rio de janeiro para visitar lojas. Estávamos numa van, andando na Linha Amarela a caminho de um hipermercado, quando o celular dele tocou. Ele atendeu, teve uma conversa rápida e, quando desligou, estava com um sorriso de satisfação estampado no rosto. "Assinamos", disse. Aquilo era importante, porque a companhia estava razoavelmente endividada e a chegada do sócio daria fôlego para continuar a crescer.*

Para comemorar o acordo, Fernão Bracher, então presidente do BBA e membro do conselho de administração do Pão de Açúcar, organizou um jantar em sua casa para cerca de quarenta convidados. A certa altura, o banqueiro fez um pequeno discurso. Abilio tomou a palavra e se mostrou entusiasmado com a sociedade. Chamou a atenção dos presentes o comportamento de Naouri, que se limitou a pouquíssimas palavras. Houve quem o julgasse um sujeito reservado. Outros creditaram a atitude a uma certa timidez. Como aconteceria ainda por muitos anos ao longo daquela sociedade, Abilio foi o centro das atenções.

Capítulo 11

Roda-gigante

No livro *A loja de tudo*, o jornalista Brad Stone relata em detalhes a trajetória da Amazon, maior varejista on-line do planeta. Seu fundador e presidente, Jeff Bezos, é retratado como um sujeito charmoso e bem-humorado em público (as estrondosas gargalhadas se tornaram sua marca registrada), mas um chefe obsessivo e exigente, capaz de humilhar subordinados diante de qualquer um. Ele ficava particularmente furioso quando um membro da equipe não sabia responder a suas perguntas ou, pior, arriscava um "chute". "Ele era desmedido e cruel nesses momentos e, em todos esses anos, usou muitas frases devastadoras para censurar os funcionários", escreve Stone. Entre as críticas proferidas pelo empresário, reunidas pelo autor junto a veteranos da Amazon, estão frases como: "Se esse é o nosso plano, eu não gostei do nosso plano", "Será que preciso pegar o certificado que diz que eu sou CEO desta empresa para você parar de me questionar?", "Você é preguiçoso ou apenas incompetente?" e "Por que eu deveria me surpreender por você não saber a resposta a essa pergunta?".

O comportamento de Jeff Bezos está longe de ser uma exceção no mundo dos negócios. Empresários que cobram os executivos de forma implacável e muitas vezes grosseira podem ser encontrados aos montes. O próprio Stone conta em seu livro que o ex-presidente da Microsoft, Steve Ballmer, atirava cadeiras quando ficava irritado. O fundador da Apple, Steve Jobs, chegou a demitir no elevador um funcionário que julgava incompetente. Andy Grove, o fundador da Intel, intimidava seus subordinados a tal ponto que um deles certa vez desmaiou durante uma avaliação de desempenho.

Ao longo dos anos, o brasileiro Abilio Diniz lapidou seu próprio estilo de lidar com os funcionários. Sempre foi um homem duro, que exigia resultados. Como conhecia a operação em detalhes, não se deixava convencer por respostas evasivas ou equivocadas. Em seus discursos, escutava-se muito mais a palavra "eu" do que "nós". Embora ouvisse muitas opiniões, em geral ficava com a própria. Gostava de repetir máximas como "Não sabendo que era impossível, foi lá e fez" e "Quem não tem a competência para criar tem que ter a coragem para copiar". Ambas deveriam servir como incentivo para sua equipe.

Só baixava a guarda quando percebia que um funcionário (ou familiar) tinha algum problema de saúde. Nesses casos, não importava a patente do subordinado. A preocupação do empresário abrangia do garçom que lhe servia café todos os dias aos executivos mais graduados. Entrava em cena o "doutor" Abilio, que se dispunha a diagnosticar o paciente e muitas vezes encaminhá-lo a seus médicos particulares — preferencialmente o cardiologista Bernardino Tranchesi. "Guardo até hoje uma 'receita' de um anti-inflamatório que ele me prescreveu, escrita em papel timbrado do 'doutor' Abilio", lembra o paulista César Suaki, executivo do Pão de Açúcar de 2001 a 2006.

Depois de resgatar a companhia do buraco no início da década de 1990, conduzir sua abertura de capital, lançar seus papéis na Bolsa de Nova York e atrair um sócio estrangeiro, Abilio Diniz era o empresário da vez. Tornou-se lendária uma reportagem publicada pela revista *Veja* em março de 2001. A capa trazia o título "Perfil de vencedor" e estampava uma foto de Abilio na academia de casa, com a silhueta enxuta (míseros 6% de gordura corporal) e músculos superdefinidos, graças às cinco horas diárias de exercícios. Vestindo uma regata justa e usando um cordão de couro no pescoço, Abilio nem de longe parecia um sexagenário. A reportagem contava detalhes da saga vivida por ele para recuperar a liderança do setor — o Pão de Açúcar havia ultrapassado o Carrefour em 2000. Nos outdoors espalhados por diversas cidades brasileiras para divulgar a revista, via-se a imagem do empresário e a chamada "O sonho das mulheres: rico, sarado e adora ir ao supermercado".

Embalado pelo sucesso, Abilio decidiu publicar um livro sobre qualidade de vida. Em 2004, chegava às livrarias *Caminhos e escolhas,* com dicas dele sobre alimentação, esportes e religiosidade.

Um ex-executivo da companhia conta que nessa época estava acompanhando Abilio à inauguração de uma loja no Nordeste quando uma senhora idosa, vestida com roupas muito simples e carregando uma criança no colo, se aproximou. Ela perguntou: "Doutor, o senhor poderia tocar a cabeça da minha netinha?". Abilio, intrigado, perguntou o porquê. A senhora respondeu que tudo o que ele tocava virava ouro. O empresário abriu um sorriso e pôs a mão na garotinha.

Um dos cenários preferidos para exercer seu poder eram as reuniões que aconteciam todas as segundas-feiras, às sete e meia da manhã, na sede do Pão de Açúcar, das quais participavam cerca de duzentos executivos. Eram as chamadas plenárias, que nasceram no final da década de 1990, quando foi inaugurado um auditório no prédio da avenida Brigadeiro Luís Antônio.

A ideia desses encontros era analisar os resultados da semana anterior e discutir o que aconteceria na seguinte — uma tática "importada" do Walmart. Desde os anos 1960, a maior varejista do mundo reunia centenas de seus principais executivos todos os sábados, às sete e meia, em sua sede em Bentonville (atualmente esses eventos são mensais). Enquanto esteve à frente da companhia, era o próprio fundador, Sam Walton, quem comandava as reuniões.

Nas plenárias do Pão de Açúcar era sempre Abilio quem liderava. Instalado numa mesa no centro do palco, tinha sempre ao lado o pai, seu Santos, que em geral se limitava a acompanhar o encontro sem pronunciar palavra, os filhos Ana Maria e João Paulo e os executivos do topo da administração. Embora quase dez pessoas subissem ao palco, ninguém no auditório tinha dúvidas sobre quem, de fato, mandava ali.

Abilio sempre conheceu os meandros do funcionamento da empresa e do setor. Por isso, quando dirigia perguntas a alguém da plateia, não aceitava qualquer resposta. E não hesitava em fazer "acareações" quando havia explicações diferentes para o mesmo problema. Os encontros eram abertos com os resultados da semana anterior. Em seguida, eram expostos os números por categoria de produtos e bandeira — todos acompanhados das cores verde, amarela ou vermelha, que identificavam o que estava acima da meta, o que exigia atenção ou o que estava abaixo do previsto. Era então que começava a discussão dos problemas, como lembra Nicola Calicchio, atual presidente da operação da McKinsey para a América Latina. Como consultor do Pão de Açúcar, acompanhou diversas plenárias:

> *Era uma gestão de transparência muito forte. Se* FLV (frutas, legumes e verduras), *por exemplo, tivesse um desempenho abaixo do esperado, Abilio ia apontar o problema e cobrar do responsável pela área. O executivo do setor tinha que se explicar e de repente podia dizer que a falha foi da logística, por exemplo, que não entregou os produtos no prazo — e então o responsável pela logística se defendia* [...]. *Criava algumas situações constrangedoras, em que uma pessoa dizia uma coisa e a outra falava algo diferente. Mas era um conflito muito positivo, porque em 80% dos casos as soluções já surgiam ali mesmo.*

Assim como Jeff Bezos, Abilio era direto e às vezes grosseiro. De acordo com entrevistados, quando contrariado chegou a soltar frases como: "Alguém tem alguma coisa inteligente para falar?", "Na próxima reunião venha sem capacete, porque parece que você não está conseguindo me ouvir" ou "Você está falando besteira, vá checar esse número". Com o passar do tempo, instaurou-se um clima de tensão entre os participantes das plenárias, como conta o ex-presidente do Pão de Açúcar Enéas Pestana:

> *Não tive uma boa impressão da primeira plenária de que participei, mas depois vi que estava errado e que, como tudo na vida, havia coisas positivas e também negativas. Das positivas: primeiro, era uma reunião mobilizadora, com a presença do Abilio, e ele tinha uma proximidade incrível com o time. Chamava todo mundo, ou pelo menos aqueles que interagiam mais com ele, pelo nome. Se fazia próximo. Sabia exatamente o que estava acontecendo com cada área, com cada cara. Ia direto ao ponto* [...]. *É o jeitão dele, né? Gosta de mostrar profundidade, que tem conhecimento* [...]. *A memória do Abilio é um absurdo. Ele lembrava tudo e ainda tinha os controles dele, umas planilhas com os principais dados dos últimos vinte anos, tudo em papel* [...]. *Então às vezes você apresentava um resultado e ele dizia que*

aquilo tinha piorado muito — não no último ano, mas de cinco, dez anos para cá [...].

Muita gente não dormia de domingo para segunda ou tinha que ir para o escritório às quatro, cinco horas da manhã para se preparar para a plenária, porque a reunião não seguia um padrão. Ele podia perguntar qualquer coisa. Uma ação do Walmart que tivesse acontecido na sexta-feira anterior, por exemplo. "Escuta, fulano, você viu isso? Como é que nós reagimos? Qual foi o resultado? Como é que estava a loja do Walmart na sexta, no sábado e no domingo? Como é que estão as nossas lojas?" Colocava todo mundo num foco danado, talvez de um modo um pouco exagerado [...].

Além das cobranças nas plenárias, os executivos do topo da administração do Pão de Açúcar tinham de lidar com outro traço do estilo de Abilio, internamente apelidado de roda-gigante. De acordo com vários ex-executivos, o empresário tinha os "eleitos do momento", aqueles de quem ficava próximo, com quem fazia viagens de trabalho e de lazer (muitas vezes com as respectivas famílias), a quem conferia autonomia e prestígio. Envolvente e carismático, Abilio sabia fazer com que essas pessoas se sentissem especiais. A elas era reservada a parte superior da roda-gigante. O problema é que, como se sabe, rodas-gigantes não são estáticas — e quem está em cima num minuto no seguinte já começa a descer.

Há vários exemplos de pessoas que viram de perto os efeitos da roda-gigante. Talvez um dos mais evidentes seja o de Luiz Antônio Viana, recrutado por Abilio para ajudá-lo a reerguer o Pão de Açúcar. No começo, a relação entre os dois seguiu às mil maravilhas. Foi com o tempo e a recuperação da companhia que os estranhamentos começaram. Para quem acompanhou de perto, um dos grandes combustíveis da animosidade que se instalou foi a vaidade. Abilio não hesitava em tomar para si todos os louros da virada. Viana, diretor superintendente e braço direito na empreitada, se ressentia. O empresário foi ocupando o espaço de Viana, até que o executivo decidiu deixar a companhia, em 1999, poucos dias antes da assinatura do contrato com o Casino. Viana viria a presidir a BR Distribuidora, a NET e a varejista Makro (atualmente ele participa de conselhos de administração e presta consultoria). "O Luiz Antônio *(Viana)* foi superimportante [...]. Depois meu pai resolveu esquecer a existência dele, mas ele foi fundamental na época *(da reestruturação)"*, reconhece Ana Maria Diniz.

Viana não foi o único executivo com quem Abilio competiu. Luiz Carlos Bresser-Pereira, que teve papel decisivo em diversas fases da trajetória do grupo, como as negociações para resolver a briga familiar e até com os sequestradores do empresário, conta que sempre sentiu um clima de disputa com o chefe. "Eu dizia para ele e para mim mesmo uma coisa muito simples: que não competia com ele, porque ele era o grande empresário e eu queria ser um grande intelectual", diz o ex-ministro. "Ele não falava nada, mas competia [...]. Passava por cima de mim e tomava decisões que me afetavam sem me participar." Apesar disso, Bresser-Pereira nunca se afastou de Abilio. Tempos depois de encerrar sua carreira como executivo no grupo, ingressou no conselho de administração e transferiu-se, em 2005, para o então recém-criado conselho consultivo. Só viria a se desligar completamente quando Abilio deixou o comando do Pão de Açúcar, em 2013, e o conselho consultivo foi dissolvido pelo Casino.

A roda-gigante ainda teria efeito sobre diversos executivos como Augusto Cruz e Cássio Casseb, que ocuparam o posto de CEO da companhia nos anos 2000. (Nenhum dos dois concordou em dar entrevistas para este livro. Enigmático, Casseb limitou-se a dizer por e-mail que "a verdade é filha do tempo, e não da autoridade". Cruz absteve-se de responder aos pedidos de entrevista.) Ambos estiveram no topo da roda-gigante e depois desceram ao seu ponto mais baixo, onde, segundo rezava a "lenda" interna do Pão de Açúcar, algumas cadeiras ficavam submersas em água. "Falávamos entre nós o seguinte: se você está no topo, não faz muita festa, não fica se vangloriando e começa a treinar a respiração, porque uma hora você vai estar debaixo d'água", resume um ex-executivo. Não foram poucos os que se "afogaram".

Abilio reinava absoluto até mesmo no conselho de administração. Ainda que o Pão de Açúcar já fosse uma empresa de capital aberto, com um grande sócio internacional, era o empresário quem dava a palavra final. O conselho, que passou a existir formalmente com o processo de IPO, era então formado por membros do clã, pessoas de confiança de Abilio, como o advogado Pedro Marrey Jr., e economistas tarimbados. A princípio, as reuniões eram trimestrais e duravam uma tarde inteira (em geral entre duas e seis da tarde). A maior parte delas era dedicada à discussão de temas macroeconômicos, como inflação, taxa de juros e câmbio. Os assuntos relativos à gestão da companhia ficavam em segundo plano.

Seu Santos se encarregava de abrir os encontros. Abilio tomava a palavra e conduzia a reunião. "Embora todos os participantes tivessem chance de expor suas ideias, nas grandes discussões ele *(Abilio)* dava sua opinião e deixava claro que gostaria que ela fosse seguida", relata o ex-ministro Maílson da Nóbrega, um dos pioneiros do conselho. "Havia muita discussão e todo mundo podia falar, mas não me lembro de ter visto o Abilio alguma vez colocar um tópico em votação", comenta outro ex-conselheiro.

O conselho mantinha-se tão afastado das decisões estratégicas do grupo que nem mesmo a entrada do Casino, em 1999, foi discutida previamente entre os membros. O único integrante que sabia da operação era Candido Bracher, do BBA, porque o banco estava envolvido na negociação. Em 2005, quando o grupo francês aumentou sua participação na companhia, os conselheiros foram comunicados sobre o movimento na véspera do anúncio oficial.

É bem verdade que esse comportamento não era exclusividade do Pão de Açúcar. Embora nos últimos anos as companhias nacionais tenham feito um grande esforço de melhoria da governança, duas décadas antes a maioria ainda agia como "empresa de dono" — e o conselho era uma mera formalidade para cumprir a exigência da Lei das Sociedades Anônimas. "Era um retrato muito diferente do que se via em mercados maduros como o americano", diz Nóbrega, que já participou de doze conselhos de administração.

Abilio e o Pão de Açúcar eram como criador e criatura — indissociáveis. Como seria possível separar a empresa do homem que a havia forjado? Os troféus ganhos pelo atleta Abilio Diniz em competições esportivas ficavam expostos ao lado dos prêmios recebidos pelo Pão de Açúcar. Como Abilio é um católico devotado, nada mais natural do que espalhar imagens de Nossa Senhora de Fátima em todas as lojas da rede (uma tradição iniciada por seu Santos e mantida pelo filho). Despesas pessoais da família Diniz, como segurança e transporte, eram pagas pela companhia.

Quando seu filho Pedro Paulo decidiu seguir carreira como piloto de Fórmula 1, nos anos 1990, Abilio envolveu-se pessoalmente na busca por patrocinadores e não hesitou em usar a força do Pão de Açúcar como argumento para convencer grandes empresas a apoiá-lo. Tornou-se pública, por exemplo, a sugestão do empresário ao então presidente da Parmalat para que a companhia italiana patrocinasse o filho. "Nós estávamos numa boa posição na época, comprando uma grande quantidade de panetone da Parmalat", declarou Abilio em 1995 à revista *Vip Exame*.

Para sediar as reuniões de planejamento estratégico do Pão de Açúcar, o local escolhido era a Fazenda da Toca, propriedade do clã no interior de São Paulo. Família e empresa viviam uma relação simbiótica, em que aparentemente todos ganhavam. Mas a falta de uma linha que demarcasse onde terminava Abilio e onde começava o Pão de Açúcar traria muita dor de cabeça para o empresário no futuro.

Capítulo 12

Quem pode suceder Abilio?

Poucos processos têm tanto potencial explosivo numa empresa quanto a sucessão de seu comandante. O Pão de Açúcar já havia experimentado o efeito devastador de uma sucessão mal planejada, em que disputas internas por poder colocaram a perpetuação da companhia em risco. Abilio não queria passar por aquilo de novo. No começo da década de 2000, quando a empresa já recuperara a liderança do setor e crescia em ritmo acelerado — a uma taxa de 9% ao ano —, a pergunta que começou a ser insistentemente formulada dentro e fora da empresa era uma só: quem ocuparia o lugar de Abilio?

Não que o empresário tivesse qualquer intenção de se afastar. Muito menos que sentisse o peso da idade. Aos 65 anos, seu vigor era o mesmo de um jovem (não à toa, preferia que seus netos o chamassem pelo apelido "Bilo" em vez de "vovô"). Continuava em plena forma física, trabalhando muito e viajando pelo mundo para aprender sobre varejo. Abilio era a cara e o coração do Pão de Açúcar, mas já estava na companhia havia mais de três décadas e, em algum momento, se veria forçado a passar o bastão.

Durante algum tempo, sua política foi tergiversar quando perguntado sobre o assunto. É o mesmo expediente utilizado até hoje pelo megainvestidor Warren Buffett, terceiro homem mais rico do planeta e fundador da firma de investimentos Berkshire Hathaway. Anualmente, Buffett reúne dezenas de milhares de acionistas de sua empresa em um ginásio de esportes em Omaha, no estado de Nebraska, sede da Berkshire. Ali, durante quase seis horas, ele e seu sócio Charlie Munger respondem a questões de investidores e jornalistas. Como Buffett tem 84 anos, é natural que o tema sucessão apareça com frequência. "Charlie completou 90 anos e eu acho revigorante ver como ele está lidando com a meia-idade. Espero que eu faça a mesma coisa", disse Buffett no encontro de 2014. "As pessoas sempre me perguntam sobre quem vai me substituir, mas nunca quem vai ficar no lugar dele." Engraçado e 100% evasivo.

No Pão de Açúcar, uma empresa que, apesar do sócio estrangeiro e das ações negociadas na Bolsa, ainda mantinha uma estrutura de comando familiar, era de imaginar que um dos filhos de Abilio despontasse como candidato a substituí-lo. Dos quatro herdeiros, apenas os dois mais velhos — Ana Maria e João Paulo — davam expediente na empresa. Adriana, a terceira, sempre se manteve razoavelmente distante da família e apartada dos negócios. Casou-se duas vezes e teve sete filhos.

Nascido em maio de 1970, Pedro Paulo, o caçula do casamento de Abilio com Auri, trilhou um caminho distante do varejo. Ainda jovem, enveredou pelo automobilismo. Conheceu o kart aos quinze anos, por influência do amigo André Ribeiro, que também se tornaria piloto, e adorou a adrenalina das pistas. Correu na Fórmula Ford e na Fórmula 3 no Brasil, até que embarcou para Londres a fim de competir na F3 inglesa. Durante meses morou em um *bed & breakfast* (espécie de pousada cujo proprietário reside no local) num vilarejo no interior da Inglaterra, onde havia seis quartos e apenas um banheiro a ser compartilhado:

> *Eu, filhinho de papai, de repente me vi numa realidade completamente diferente. Tinha que lavar minha roupa, cozinhar, me virar* [...]. *Depois de seis meses meu pai foi lá ver o que estava acontecendo e disse que ia me ajudar. Aí me mudei para Oxford e aluguei um apartamento de um quarto* [...]. *Foi uma fase difícil, porque eu sempre fui um cara introspectivo e ali as relações humanas eram mais frias. Acabava o expediente às cinco da tarde e eu não tinha muito o que fazer depois* [...]. *Mas essa época me deu um*

pouco mais de "casca" para a vida. E tinha uma coisa importante: ali eu não era o filho do Abilio Diniz, era eu mesmo.

Anos depois, Pedro ingressaria na Fórmula 1, onde foi contemporâneo de Rubens Barrichello. "É lógico que meu pai abriu muitas portas para eu poder ter chegado e corrido ali por cinco anos", diz o ex-piloto. Na época, pai e filho se aproximaram como nunca. Abilio não perdia uma corrida. Se não pudesse acompanhar pessoalmente, assistia pela televisão. Para ele, os dias das provas eram de tensão absoluta. Ver o filho arriscar a vida nas pistas era tão angustiante que com frequência Abilio tomava um calmante antes da largada. Até hoje se emociona ao lembrar dos acidentes que Pedro sofreu.

Em 2000, Pedro decidiu deixar para trás o "circo" da Fórmula 1, a residência em Mônaco e as festas badaladas em que não faltavam bilionários, modelos e nobres de diversas nacionalidades (enquanto competiu, seus melhores resultados foram em 1998 e 1999, quando terminou os campeonatos na 14ª posição). "Era um mundinho cão, movido por interesses, com relações humanas zero", lembra, sem saudade. Durante alguns anos teve uma empresa de marketing esportivo. Até que começou a se interessar pela produção de alimentos orgânicos e decidiu entrar no ramo.

Hoje com 45 anos, mora com a família (a esposa e dois filhos) na Fazenda da Toca, onde em 2009 começou a produzir leite, ovos e frutas orgânicos — atividades que ocupam mais de 1.000 hectares da área total da fazenda. Vestindo calça jeans e uma camisa polo com o logotipo da empresa, ele fica à vontade para falar de assuntos como plantação de laranjas, controle de pragas e fabricação de iogurtes e manteiga com leite orgânico. Seus olhos brilham ao contar dos avanços no cultivo, da equipe que formou para ajudá-lo a tocar a empresadas possibilidades desse mercado no Brasil.

Ele leva uma vida mais simples e em contato com a natureza, mas continua sendo um Diniz — e por isso sabe que seu negócio precisa ser lucrativo. "Para mim sempre foi muito claro que tem que dar certo nas três pernas: financeira, social e ambiental", conta ele. "Estamos bem no social e no ambiental, mas é uma operação nova e ainda falta torná-la lucrativa." O que o pai diz sobre sua nova atividade? "Ele quer resultado para ontem", revela, com um sorriso.

***

Embora João Paulo Diniz participasse da rotina do Pão de Açúcar, o segundo filho de Abilio jamais foi cotado para possível substituto. A única pessoa do clã que era vista — dentro e fora da empresa — como eventual sucessora do homem que construiu a maior varejista do país era sua primogênita, Ana Maria. É verdade que as opiniões a respeito de sua capacidade de substituir o pai se dividem — parte das pessoas que acompanhava o Pão de Açúcar de perto acreditava que ela estava pronta para o trabalho, parte a julgava inapta para a função. O fato é que durante anos Ana Maria foi o principal apoio de Abilio na empresa. Para manter o tom profissional, dentro da companhia ela o chamava pelo nome, nunca de "pai". Várias vezes Abilio comentou com diferentes interlocutores que Ana seria sua provável sucessora.

Foi no final dos anos 1990 que a relação entre os dois começou a se turvar. A essa altura, Ana já tinha voz própria e era respeitada principalmente por suas habilidades nas áreas de marketing e recursos humanos (no setor de RH ela teve a ajuda valiosa de Maria Aparecida Fonseca, conhecida como Cidinha, que começou a trabalhar no Pão de Açúcar como caixa de supermercado e chegaria ao cargo de diretora executiva, numa carreira de quase 23 anos na companhia).

Aos poucos as diferenças entre Abilio e a filha foram se acentuando. Era como se tivessem entrado numa competição: ela para provar que poderia sair definitivamente da sombra do pai e assumir mais responsabilidades; ele para deixar claro que era insubstituível. Numa dinâmica como essa, é inevitável que alguém saia perdendo.

Em julho de 2001, Ana decidiu comemorar seu aniversário de quarenta anos em Portugal, com o marido, Luiz Felipe D'Ávila. Aquele sábado, 28, deveria ser de festa, mas a uma pessoa próxima ela confidenciou que passou a data chorando. Poucos dias antes de viajar, tivera uma conversa com o pai — e ele deixara claro que não haveria espaço para os dois. Ela, que embarcara entristecida, não pensava em outra coisa senão em redefinir seu papel no Pão de Açúcar.

Para piorar, na véspera de seu aniversário, o helicóptero Augusta A109 Power no qual estavam seu irmão João Paulo e a namorada, a modelo Fernanda Vogei, caíra no mar a cerca de 5 quilômetros da costa do estado de São Paulo. O casal viajava da capital para uma casa que a família mantinha em Maresias, no litoral. Os quatro ocupantes da aeronave — João Paulo, Fernanda, o piloto Ronaldo Jorge Ribeiro e o copiloto Luiz Roberto de Araújo Cintra — sobreviveram à queda e começaram a nadar. Era noite, ventava muito, o mar estava agitado e frio. O filho de Abilio, então com 37 anos e físico de atleta, conseguia, a muito custo, avançar. A namorada tinha mais dificuldade. A certa altura, João Paulo já não pôde mais vê-la ou ouvi-la. O corpo da modelo seria encontrado uma semana depois do acidente. (Assim como João Paulo, o copiloto conseguiu se salvar. O piloto morreu no mar.)

Naquele aniversário, abalada pelo acidente do irmão e pela relação desgastada com o pai, Ana fez um balanço de sua vida. Ela adorava o Pão de Açúcar, mas acima de tudo amava o pai. Se estava difícil ter Abilio como chefe, talvez o melhor fosse investir na recuperação dos laços afetivos que os ligavam. Por isso, tomou uma decisão: permaneceria na companhia, mas sairia da rota de colisão.

Meses depois, ela se matriculou no OPM (Owner/President Management), um dos mais prestigiados cursos de Harvard, seguindo a recomendação do amigo Jorge Paulo Lemann (Marcel Telles e Beto Sicupira, sócios de Lemann, haviam cursado esse programa). Durante as três semanas do curso, Ana conheceu o professor John Davis, especialista em empresas familiares. Davis estava longe de ser um neófito em Brasil. Já havia sido contratado pelas famílias gaúchas Sirotsky, dona do grupo de comunicação RBS, e Gerdau, da siderúrgica de mesmo nome. Para Ana, ele parecia a pessoa perfeita para ajudar na discussão sobre o futuro do Pão de Açúcar.

Ao voltar ao Brasil, ela consultou o pai sobre a possibilidade de contratar o especialista. "Todas as famílias têm os mesmos padrões, e ele pode nos ajudar muito. Você topa?", perguntou a primogênita. Abilio assentiu, desde que os outros filhos estivessem de acordo. Ana consultou João Paulo e Pedro Paulo — ambos apoiaram. Como de praxe, Adriana não se envolveu.

Dois meses antes, Abilio tivera uma baixa na equipe: Luiz Fazzio deixara a companhia. Os dois haviam ficado tão próximos que chegaram a fazer várias sessões de *coaching* em dupla (entusiasta de terapia, o empresário também apoiava iniciativas de *coaching* para sua equipe). Fazzio também tinha conquistado a simpatia de Ana. Depois de passar por várias áreas no Pão de Açúcar — da liderança de um projeto de reestruturação formulado pela McKinsey ao comando do setor comercial —, ele sonhava voar mais alto. Percebeu que seria impossível onde trabalhava. Por isso, quando surgiu o convite para comandar a operação brasileira da varejista de roupas C&A, ele topou.

Para comunicar ao chefe que sairia, Fazzio pediu uma reunião fora do Pão de Açúcar. Abilio sugeriu sua casa. Antes de ir, o executivo escreveu uma carta para si mesmo. A ideia era lembrar tudo o que queria dizer — do agradecimento pelo tempo que tinham trabalhado juntos à razão da saída. "Eu acho que você nunca vai deixar o Pão de Açúcar, e a vontade que eu tenho é de ser presidente de uma empresa", disse o executivo. "Mesmo que eu me tornasse presidente do Pão de Açúcar, enquanto você estiver aí, desculpe, mas você será o cara. Pode até ter outro cargo, mas quem vai mandar é você."

Em maio de 2002, uma pessoa da equipe de Davis veio ao Brasil para o primeiro encontro com a família. Passados dois meses, os quatro Diniz — Abilio, Ana, João e Pedro — e o professor de Harvard se encontraram em Miami para uma espécie de workshop intensivo de dois dias. O grupo hospedou-se no Mandarin Oriental, um cinco estrelas com praia privativa e vista para Biscayne Bay, mas mal conseguiu aproveitar o tempo ensolarado da Flórida. Eles ficaram enfurnados numa sala de reuniões sem janelas, discutindo sobre o futuro da empresa e como os familiares se encaixariam nesse cenário. Primeiro o professor entrevistou cada um individualmente. Depois, reuniu a família toda. Davis ainda se lembra da impressão que teve ao conhecer o empresário brasileiro:

> *Fiquei admirado com a determinação e o foco do Abilio* [...]. *Ele me contou sobre o sequestro, as brigas com os irmãos, a má situação da empresa em 1990 e a recuperação nos anos seguintes* [...]. *Eram coisas dramáticas, mas ele falava sobre elas com calma. Não como se as tivesse esquecido, mas como se emocionalmente tivesse superado tudo. Era uma pessoa séria, que sabia*

que precisava ter conversas sinceras sobre o futuro da empresa [...]. *Aliás, a família toda estava interessada em ouvir o que os outros tinham a dizer, o que nem sempre acontece nessas situações* [...]. *Ana tinha me dito que a companhia estava caminhando para uma transição e precisava definir os papéis de cada um. Ela mesma se encontrava num momento de começar a pensar que talvez fosse bom ter outros interesses* (além do Pão de Açúcar).

Cada um falou sobre o que esperava da empresa e do futuro. O Pão de Açúcar chegara a um ponto de inflexão comum aos grandes grupos familiares e havia uma série de perguntas a responder. Qual o papel de cada membro da família na maior cadeia varejista do Brasil, que àquela altura empregava 58 mil pessoas e faturava 11,2 bilhões de reais por ano? Como e quando se daria a transição? A empresa seria profissionalizada? Os familiares deveriam restringir sua atuação ao conselho de administração? Como, enfim, poderiam garantir a perpetuação da companhia?

Davis lembra que, por duas vezes naquele final de semana, Abilio admitiu estar cansado de carregar toda a responsabilidade sobre a empresa e que gostaria de dividi-la. A sucessão seria o ponto mais delicado do encontro. Abilio podia estar cansado de tantas responsabilidades, mas era (e ainda é) um homem fascinado pelo poder.

À medida que a conversa avançava, ficava mais nítido que a profissionalização era inevitável. A questão era quem ficaria no lugar de Abilio. O empresário preferia que fosse alguém que já trabalhasse na empresa e a conhecesse de perto. Não queria contratar um *headhunter*. O nome sugerido por Abilio foi o do paulista Augusto Cruz, que ingressara na companhia em 1994 e ocupava o cargo de vice-presidente administrativo-financeiro.

Ao contrário do pai, Ana achava que Cruz não estava pronto para a tarefa. Propôs outro formato para a sucessão: ela, que até aquele momento era vice-presidente de operações, se tornaria CEO temporária, com mandato de um ou dois anos, enquanto Cruz fosse preparado. Em seguida, ele assumiria o cargo e ela se afastaria totalmente da gestão. Essa espécie de "transição" seria, segundo ela, mais segura para Cruz e para a própria companhia. Abilio, João Paulo e Pedro Paulo foram contra a ideia.

Quando a reunião acabou, às seis da tarde daquele segundo dia de imersão, a nova rota do Pão de Açúcar já estava delineada. No mês seguinte, Davis reencontraria a família, em São Paulo, para que detalhassem o futuro da empresa e deles próprios. Abilio deixaria a presidência executiva e passaria à presidência do conselho de administração (Valentim dos Santos Diniz se tornaria presidente honorário). Augusto Cruz foi confirmado como seu substituto. Nenhum de seus filhos teria mais função executiva — eles poderiam apenas participar de comitês e do conselho.

Na prática, a pessoa mais afetada por essa última decisão foi Ana Maria — João Paulo participava das plenárias e reuniões de caixa, mas já não tinha sob sua responsabilidade nenhuma área. "Era como se eu largasse um filho que ajudei a ressuscitar no último momento", declarou ela depois do anúncio de seu desligamento da companhia que anos antes ajudara a recuperar. Passados quase quinze anos, ela recorda o que passou:

> *Eu saí desse episódio em Miami aliviada, mas triste. Durante muito tempo meu pai falou que eu seria a sucessora dele e ali foi colocada uma pedra no assunto. Eu nunca mais seria sua sucessora* [...]. *Decidi então atuar como podia e foquei minha energia em aprender sobre governança corporativa. Fui fazer um curso de dez dias no Insead e ajudei a reorganizar o conselho, montar os comitês (finanças, auditoria e marketing)* [...]. *Comecei a me preparar para outro voo* [...]. *Era bem complicado, porque eu me chamava "Ana Maria Diniz Pão de Açúcar" e tinha a maior insegurança de perder esse lado institucional do meu sobrenome. Mas depois eu comecei a ver — e foi muito legal para mim esse capítulo — que eu era maior do que aquilo, não dependia daquilo para ser quem sou. E que as pessoas continuavam me respeitando. Eu não ia sumir do mapa porque não estava mais no Pão de Açúcar.*

No início de 2003, Ana deixou o dia a dia da varejista. Paralelamente, inaugurou a operação brasileira da consultoria norte-americana Axialent, voltada para a área de recursos humanos, em sociedade com o empresário Beto Sicupira. O Pão de Açúcar se tornaria um de seus clientes.

A decisão de profissionalizar a gestão da empresa e afastar os filhos da linha sucessória foi, segundo Abilio, uma das duas mais difíceis de sua carreira (a outra seria deixar o Pão de Açúcar, em 2013). "Quando sentei na minha cadeira pela primeira vez como presidente do conselho e vi que as cadeiras do João Paulo e da Ana Maria estavam vazias, foi muito difícil", diz ele em voz baixa. "Mas profissionalizar a companhia era algo importante e necessário."

Talvez por ter visto de perto o funcionamento das empresas familiares Abilio tenha se tornado, com o passar do tempo, cada vez menos entusiasta desse tipo de companhia. Durante uma aula para alunos da Fundação Getulio Vargas, em São Paulo, no início de 2014, ele resumiu sua visão sobre o assunto: "Eu não acredito em empresas familiares. O risco de confundir o que é empresa e o que é família é grande, e quem sofre normalmente é a companhia".

Capítulo 13

"Ninguém vai ser maluco de me tirar do lugar se eu estiver dando dinheiro"

Augusto Cruz, o executivo que assumiu a presidência do Pão de Açúcar em março de 2003, era, em muitos aspectos, a antítese de Abilio. A começar pela forma física. Enquanto o chefe, obcecado por esportes, mantinha uma alimentação regrada e uma rotina de exercícios de atleta, Cruz estava visivelmente acima do peso. Ao contrário de outros executivos e funcionários do Pão de Açúcar, que frequentavam a academia da companhia todos os dias (alguns deles para agradar Abilio, que fazia questão de saber quem estava se exercitando), Cruz, então com 49 anos, passava longe das esteiras.

Era também um sujeito discreto, que preservava a vida pessoal e evitava os holofotes. Embora fosse conhecido e respeitado na companhia, nem de longe tinha o carisma de Abilio. Filho de uma família de classe média, Cruz cresceu na Zona Leste de São Paulo e, aos quinze anos, começou a trabalhar como contínuo no Banco do Brasil. Formado em economia pela Universidade de São Paulo, teve passagens pela Tintas Coral e pela Bunge. Chegou ao Pão de Açúcar em 1994 para cuidar das áreas de tecnologia e finanças e participou de movimentos importantes, como o lançamento das ADRs em Nova York e a negociação para a entrada do Casino, em 1999.

Como executivo da área financeira, sua proximidade com a rotina das lojas e com os fornecedores era um tanto limitada. Abilio não via problema nisso. Cruz poderia aprender mais sobre a operação — o próprio empresário, especialista no assunto, se encarregaria de compensar essa deficiência. Eles eram, em tese, complementares. "Abilio disse que passaria a presidente do conselho e seu trabalho seria orientar os executivos, não dar ordens", diz John Davis. "E, embora eu acredite que ele quisesse mesmo fazer isso, essa resolução não durou muito", completa o professor, em tom de brincadeira.

Como presidente do conselho, Abilio dava expediente todos os dias, na mesma mesa que ocupara até então. No final dos anos 1990, a exemplo de empresas como Ambev e Bradesco, ele decidira que a alta administração da companhia deveria compartilhar um único espaço, sem divisórias, em vez de os executivos ficarem encastelados em seus escritórios. Para os adeptos desse modelo, ao dividir uma sala, os diretores se aproximam dos outros, aceleram os processos de tomada de decisão e adquirem uma visão mais completa da empresa. No Pão de Açúcar, a sala da diretoria era conhecida internamente como "Olimpo".

Assim, Augusto Cruz e um grupo reduzido de executivos (como Caio Mattar, José Roberto Tambasco e Cidinha Fonseca) trabalhavam ao lado do dono da companhia. Ainda que tivessem sido formados comitês, dos quais participavam os Diniz, para servir de ponte entre a administração e o conselho, não tardou para que Abilio começasse a dar ordens diretamente aos funcionários do Pão de Açúcar — inclusive aos subordinados dos principais executivos.

Lidar direto com vários níveis hierárquicos não era uma novidade para o empresário. No começo da década de 2000, a McKinsey fora contratada para conduzir uma grande reorganização no Pão de Açúcar. Por conta das dezenas de aquisições dos anos anteriores, muitas delas ainda não completamente integradas, a varejista tinha "engordado". Os estoques de produtos não perecíveis, por exemplo, que eram de quatro dias em 1993, haviam subido para quase trinta no final dos anos 1990. O passo inicial da consultoria foi entrevistar um grupo de cerca de vinte executivos para traçar um diagnóstico preciso. "Surgiram temas que tinham a ver com a organização e outros relacionados ao Abilio", relata Nicola Calicchio, um dos líderes do projeto.

O resultado do levantamento — inclusive das questões ligadas ao dono da empresa — foi apresentado numa reunião para a alta administração. "Ele tinha qualidades incríveis, como dar foco e ritmo para a empresa, mas às vezes isso criava problemas, como quando ele queria entrar no segundo nível da organização", lembra o consultor.

Segundo pessoas próximas ao Pão de Açúcar, Abilio manteve o estilo interventor também como presidente do conselho. O poder de Cruz estava comprometido. De certa maneira, era como se a "profecia" de Luiz Fazzio tivesse se cumprido: enquanto estivesse ali, o empresário seria o dono do pedaço, independentemente do cargo que viesse a ocupar. "O Abilio é um cara que trabalha muito, sempre quer fazer coisas maiores, um gênio no varejo. Só que é também uma árvore muito grande, e à sombra dessa árvore é difícil alguém aparecer", avalia um de seus amigos.

Em agosto de 2005, dois anos e meio depois de assumir o posto, Cruz anunciou sua saída, alegando motivos pessoais. "Augusto foi promovido acima do seu limite, andamos dois anos de lado com ele", conta Abilio. "Quando pediu demissão, eu disse pra ele ir pra casa e pensar, tirar férias, mas não adiantou. Ele saiu e ficamos sem nos falar por muito tempo." Segundo um ex-executivo da companhia, depois do desligamento de Cruz, Abilio mal citava o antigo CEO — nem para o bem nem para o mal, como se seus onze anos de trabalho não tivessem existido. Na roda-gigante de Abilio, Cruz estava, naquele momento, na parte de baixo.

A saída de Augusto Cruz surpreendeu o mercado (o anúncio de seu sucessor levaria quase seis meses), mas não foi o fato mais impactante da trajetória do Pão de Açúcar em 2005. Três meses antes do desligamento do executivo, a varejista anunciou que seu sócio francês Casino havia investido 890 milhões de dólares para aumentar sua fatia direta e/ou indiretamente de 25% para 34% do capital total da Companhia Brasileira de Distribuição.

Parecia um típico negócio em que todos ganhavam. O Casino expandiria sua presença fora da Europa, mercado maduro onde as taxas de crescimento são mais modestas, e Abilio, além de embolsar uma bolada, poderia se manter à frente do negócio. Como desde que a sociedade fora formada, seis anos antes, o Casino se abstivera de qualquer ingerência na gestão, limitando-se a uma presença discreta no conselho de administração, acreditava-se que a lua de mel entre os sócios tinha tudo para perdurar. De quebra, o Pão de Açúcar, que havia se endividado com as aquisições de anos anteriores — a dívida líquida da empresa saltou de 68 milhões de reais para 996 milhões entre 2000 e 2004 —, seria capitalizado.

Já fazia algum tempo que Abilio pensava em uma forma de dar liquidez à participação de seu pai e da irmã Lucilia na companhia (até então, as ações dos três estavam reunidas numa holding chamada PAIC, que detinha 40% do capital da varejista). O empresário achava que o mais sensato seria conduzir esse processo enquanto Valentim dos Santos Diniz estivesse vivo. Não queria correr riscos de enfrentar uma nova rodada de desentendimentos com os irmãos pela herança do pai.

Em dezembro de 2002, Abilio chamou Pércio de Souza para uma reunião. Queria estudar a possibilidade de atrair para o Pão de Açúcar o grupo holandês Ahold, na época terceiro maior varejista do planeta, atrás de Walmart e Carrefour, e controlador das redes brasileiras Bompreço e GBarbosa.

O banqueiro aproveitou os contatos que tinha na empresa holandesa e deu início às conversas. A ideia era ter um modelo tripartite, em que Pão de Açúcar, Casino e Ahold convivessem juntos. Pércio embarcou para a Holanda para apresentar a ideia a Michiel Meurs, então diretor financeiro da varejista. Tempos depois retornou à Europa para falar com Cees Van den Hoeven, à época CEO do Ahold, que concordou com a empreitada.

Agora era hora de sentar à mesa com o Casino. Pércio foi a Paris mostrar a proposta para Pierre Bouchut, que ocupava o cargo de CEO. Bouchut gostou da ideia. No final de janeiro de 2003, Abilio e Pércio viajaram para a França, onde se encontraram com executivos do Casino e do Ahold. As negociações avançavam rápido. Uma nova rodada de conversas foi marcada para 10 de fevereiro.

Pércio estava totalmente dedicado à condução das negociações. Havia algo, porém, que o preocupava e nada tinha a ver com a elaboração de um provável acordo entre os varejistas. Sua esposa e sócia, Eleonora Antici, estava na reta final da gravidez do primeiro filho do casal. O banqueiro temia que o nascimento coincidisse com o encontro agendado para o dia 10.

A solução foi marcar uma cesárea para 3 de fevereiro, para que o pai pudesse acompanhar o nascimento do bebê, Thiago, com tranquilidade.

Na véspera da reunião, Meurs telefonou para Pércio e cancelou tudo. O banqueiro ficou furioso. Meurs avisou que logo ele saberia a razão do cancelamento. Dias depois, o Ahold anunciou que a empresa fizera uma manobra contábil que inflara seu balanço em pelo menos 500 milhões de dólares. O CEO e o diretor financeiro da companhia holandesa foram presos. Para cobrir o rombo, o Ahold decidiu se desfazer de alguns ativos, entre eles, o Bompreço. Obviamente, uma fusão do Ahold com o Pão de Açúcar estava fora de questão (na melhor das hipóteses, a rede de Abilio poderia agora tentar comprar o Bompreço). Pércio acionou seu plano B: a varejista americana Walmart.

Semanas depois do fim das negociações com o Ahold, ele desembarcou em Bentonville, na sede mundial do Walmart, para uma reunião com John Menzer, executivo que à época comandava a área internacional da varejista. As discussões se estenderam por seis meses e envolveram reuniões em Londres, Buenos Aires, Chicago e Nova York. No final de 2003, chegaram a um impasse em relação ao preço.

Outro fator azedou o relacionamento entre as partes. Em dezembro de 2003, o Pão de Açúcar arrematou a Sendas, líder de mercado no Rio de Janeiro. O grupo fluminense enfrentava dificuldades havia anos, o que permitiu que as negociações tocadas por Augusto Cruz e Caio Mattar chegassem a bom termo. O problema foi que os executivos da rede americana se sentiram traídos. Paralelamente, Pão de Açúcar e Walmart disputavam o Bompreço (a companhia americana levaria a melhor, arrematando a varejista nordestina em março de 2004). Eram tantos pontos de disputa que fechar uma associação entre a maior varejista do Brasil e a maior do mundo parecia cada vez mais improvável.

Foi quando o Casino sugeriu aumentar sua participação e manter uma estrutura de controle compartilhado. A Estáter então propôs uma complexa engenharia financeira. O primeiro passo seria implodir a holding fechada da família Diniz (a PAIC). Os 52% de Abilio na PAIC seriam transformados em 31,2% do capital total e 50% do capital votante numa nova holding chamada Vieri. Os outros 50% do capital votante pertenceriam ao Casino (a varejista detinha mais 28% de ações com direito a voto que ficaram fora da holding).

A Vieri seria a controladora da CBD (meses depois a holding passaria a ser a Wilkes). Para Abilio, uma das grandes tacadas do negócio era que, mesmo com um percentual total menor de ações ordinárias, manteria o controle compartilhado por sete anos.

As participações de seu Santos e Lucilia Diniz na PAIC seriam convertidas em 20% do capital total da CBD, em ações preferenciais (sem direito a voto). Com isso, ganhariam liquidez e o patriarca da família poderia fazer a doação de sua fatia na empresa aos filhos em vida. Parte do dinheiro que Abilio recebeu, cerca de 1 bilhão de reais, foi investida na compra de sessenta imóveis do Pão de Açúcar onde funcionavam lojas da varejista. Todos eles foram imediatamente alugados para a empresa, em contratos de quarenta anos de duração. Além de garantir um fluxo de aluguéis por décadas, Abilio conseguiu, ao capitalizar a companhia com o dinheiro da venda dos imóveis, zerar a dívida do Pão de Açúcar. À época divulgou-se que parte do pagamento do empresário — algo em torno de 200 milhões de dólares — poderia ser feita em ações do Casino. Isso nunca aconteceu. Em vez de ações, Abilio recebeu esse montante em dinheiro.

Havia no contrato uma cláusula que garantia ao Casino o controle total do Pão de Açúcar a partir de 22 de junho de 2012 — bastaria comprar de Abilio uma ação ordinária pelo preço simbólico de 1 real. A partir da mesma data, a presidência do conselho de administração da holding que controlava a CBD, a Wilkes, até então ocupada por Abilio (ou um de seus herdeiros), passaria a ser determinada pelo Casino. Abilio, porém, seguiria como presidente do conselho de administração do Pão de Açúcar.

A maior preocupação do brasileiro era em relação a sua manutenção no posto de presidente do conselho da CBD — e aos poderes que teria nessa função. Desde que o Casino se tornara sócio, em 1999, o valor de mercado da companhia passara de 2,4 bilhões de reais para 6,4 bilhões de reais — graças, em grande medida, à gestão de Abilio. Manter-se à frente da empresa era um ponto tão delicado para ele que, no início de 2005, antes de fechar o acordo, Abilio decidiu conversar pessoalmente com Jean-Charles Naouri:

> *Era começo de fevereiro e eu estava prestes a viajar para Aspen, no Colorado, onde vou esquiar todos os anos. Eu comecei a ficar aflito, angustiado com*

aquela questão. No dia em que ia embarcar para os Estados Unidos, liguei para o Jean-Charles e disse que precisava conversar com ele sobre o contrato. Em inglês, ele me perguntou se eram bad news (más notícias). *Respondi que não e marquei de encontrá-lo em Paris na segunda-feira seguinte. Fui e voltei no mesmo dia, com a Ana Maria. Quando cheguei lá coloquei exatamente o seguinte: "Olha, eu estou preocupado com o que vai acontecer em 2012. E se, em 2012, eu estiver disposto, feliz, tocando bem a companhia e quiser continuar?" Ele respondeu: "Mas vai ser uma maravilha se você quiser ficar [...]. Você pode continuar como* chairman, *como é hoje, até o fim da sua vida, enquanto tiver vontade de trabalhar".*

Voltamos para São Paulo e eu me sentia muito aliviado. Pô, vou trabalhar até quando quiser! E outra coisa: qual era a minha cabeça, o meu pensamento? Ninguém vai ser maluco de me tirar do lugar se eu estiver dando dinheiro. Se eu tocar bem, gerar dinheiro para a companhia, para os acionistas, todo mundo vai rezar pela minha saúde.

Uma cláusula foi incluída no contrato para tranquilizar Abilio. Ele permaneceria como presidente do conselho da CBD enquanto estivesse mental e fisicamente apto a desempenhar a função. "Ele sempre achou que seria capaz de mostrar ao Casino que era a melhor opção para comandar a empresa", diz uma pessoa que acompanhou as negociações.

Em 4 de maio de 2005, Casino e Pão de Açúcar anunciaram a nova sociedade em clima de festa. O tempo revelaria que, embora tivessem assinado o mesmo papel, Abilio Diniz e Jean-Charles Naouri tinham expectativas muito diferentes sobre o futuro.

Abilio tinha ao menos uma razão para imaginar que, quando a data de entrega do controle chegasse, ele talvez quisesse mesmo desacelerar o ritmo de trabalho: estava começando uma nova família com a paulista Geyze Marchesi Diniz.

Geyze e Abilio se conheceram no Pão de Açúcar. Formada em economia pela Mackenzie, ela ingressara no programa de *trainees* da companhia em 1996. De largada foi designada para trabalhar no Extra da avenida João Dias, na Zona Sul de São Paulo. Passou por todas as áreas do hipermercado. "Trabalhei na peixaria, na padaria, no açougue [...]. Usava meias Kendall, porque ficava o dia inteiro em pé", lembra. Depois de sete meses ali, quando já havia acompanhado até os setores de segurança e financeiro, foi transferida para a sede do Pão de Açúcar, para atuar na área comercial dos produtos têxteis. Até então, nunca havia falado com o patrão, a quem se referia como "Doutor Abilio". Ela conta que tudo mudou em 1999, ao final de um evento da empresa:

> *Era um encontro motivacional chamado "Meu Pão com Açúcar", do qual participavam umas mil pessoas no* SESC *Vila Mariana. Eu não tinha sido convidada, porque só ia o pessoal dos níveis mais altos, mas fui no lugar da minha chefe, que estava em licença-maternidade. Todo mundo, inclusive o Abilio, estava uniformizado com uma camiseta branca estampada com uma mensagem referente ao evento. Quando acabou tudo, peguei o elevador com um colega para ir embora. No andar de baixo, o Abilio entrou com a mulher dele na época, a Rosana. O espaço era pequeno, tinha só mais umas duas ou três pessoas. Normalmente, quando a gente entra num elevador, vira de costas para as pessoas que estão dentro efica de frente para a porta. Não foi o que ele fez. Ficou de frente pra mim, mas não disse nada. Chegamos ao térreo e o carro dele já estava parado em frente. Ele abriu a porta para a Rosana, deu a volta no carro para sentar do outro lado e foi embora. Meu amigo disse: "Doutor Abilio não tirou o olho de você". Falei que ele estava louco. Eu era casada, embora na época meu casamento estivesse indo mal. Casei muito jovem, com 23 anos, e meu marido queria ter filhos logo. Eu sempre desejei ser mãe, mas naquele momento achava que tinha que cuidar da carreira primeiro. Estava adorando o trabalho no Pão* [...].

Passadas algumas semanas, ele convocou toda a área em que ela trabalhava para uma reunião. Aos poucos, os chamados do chefe para que o departamento de Geyze prestasse contas a ele se tornaram mais frequentes. Em seguida, vieram os convites para que os funcionários da área têxtil visitassem lojas com ele. "Eu não ligava uma coisa à outra, porque nas reuniões ele era muito sério. Cobrava e me chamava de dona Geyze", lembra. "Finalmente, ele começou a convocar só a mim para a sala dele. Aí eu comecei a ficar desconfiada, mas o cara sempre começava falando de trabalho [...]."

Geyze e Abilio eram diferentes em muitos aspectos, a começar pela idade. Ela tinha então 28 anos — ele, 63. Abilio era obcecado por esportes. Geyze, uma morena alta e bonita, estava ligeiramente acima do peso e não praticava exercícios. O empresário era um homem rico e famoso. Ela vinha de uma família de classe média paulista. Filha de um químico industrial e de uma dona de casa, nascera e crescera no Tatuapé, na Zona Leste de São Paulo. Brincava na rua durante a infância. Em sua casa nunca houve luxos como babá e motorista. Ambos, porém, eram muito religiosos e adoravam o trabalho no Pão de Açúcar. Começaram a ir juntos à Paróquia Santa Rita de Cássia (santa de devoção de Abilio) todo dia 22. Ela relembra o início:

> *A gente começou a namorar escondido porque eu trabalhava lá, era executiva, e todo mundo ia falar que eu tinha me separado por causa dele. De certa forma foi, né? Mas, no fundo, ninguém se separa porque outro apareceu. Se separa porque realmente não estava bom [...]. Isso foi no comecinho de 2000 [...]. Então eu fechei os ouvidos e continuei trabalhando muito, como sempre fiz, apaixonada pela empresa. E pensava: "Estou sendo alvo de milhões de comentários, mas eu sei da minha seriedade. Não estou com esse homem porque ele é o dono, porque é milionário. Estou com ele porque a gente está vivendo uma história muito legal".*

Em 2003, os dois resolveram morar juntos (a decisão foi tomada depois de algumas sessões de terapia de casal). Casaram-se em 2 de dezembro de 2004, numa cerimônia para pouco mais de cem convidados, em casa. Em clima de romantismo total, subiram ao altar ao som de "Como é grande o meu amor por você". No início do ano seguinte, Geyze deixaria o Pão de Açúcar, onde ocupava então o cargo de diretora de planejamento estratégico (área que ela mesma havia criado).

Quando Abilio estava negociando o novo acordo com o Casino, o casal já pensava em ter um filho (Rafaela, a primogênita, nasceria em 2006, e Geyze daria à luz Miguel três anos depois). Segundo amigos do empresário, ela e os filhos pequenos foram cruciais para que Abilio deixasse de "rosnar", como fazia no passado. "Ela é muito mais habilidosa que as anteriores (Auri e Rosana), sabe o que quer, é mais articulada, ajuda nos negócios dele", diz o médico Bernardino Tranchesi, companheiro habitual do empresário em viagens com as famílias. "Preencheu a vida dele e ele foi mudando. Teve os filhos, ficou um homem muito mais flexível. Hoje é uma pessoa divertida, que até toma vinho", afirma o amigo, em tom de brincadeira.

Abilio tinha 68 anos quando assinou o contrato com o Casino. A negociação o tornava muito mais rico, antecipava eventuais disputas de herança com os irmãos e deixava o caminho pavimentado para seus próprios herdeiros, já que o futuro do Pão de Açúcar estava traçado. Quando chegasse a hora de passar o controle, ele provavelmente estaria curtindo a nova família. "Muita gente, sobretudo o Pércio, me falava que, em 2012, eu estaria com 75 anos e não iria querer me preocupar tanto com a empresa nessa idade", diz Abilio. Um pensamento que o próprio empresário compartilhava. O problema era que ao final daqueles sete anos, ao contrário do previsto, Abilio continuaria com o mesmo ímpeto empreendedor de sempre, sem a menor vontade de desacelerar. Hoje, Abilio avalia que assinar aquele documento foi o maior erro que cometeu em sua trajetória profissional.

Capítulo 14

Uma cadeira (quase) elétrica

Depois da saída de Augusto Cruz do comando do Pão de Açúcar, Abilio precisava buscar um substituto. Internamente, não via ninguém preparado para assumir o posto. Seria necessário encontrar um executivo no mercado. Nomes como o de Antonio Maciel Neto, então presidente da Ford América do Sul, foram cogitados. Ao final das análises, Abilio decidiu-se pelo engenheiro Cássio Casseb.

Aos cinquenta anos, Casseb já havia comandado a Credicard, o Banco do Brasil e a Coinbra, *trading* de commodities do grupo francês Louis Dreyfus. Se Abilio era viciado em academia, Casseb se dizia um chocólatra assumido, que passava longe dos exercícios. No princípio, como em geral acontece, as diferenças eram tratadas com bom humor. "A dúvida aqui é se eu vou me tornar maratonista como o Abilio ou se ele vai acabar comendo uma caixa de Bis por dia como eu", declarou Cássio na primeira entrevista que concedeu no novo cargo. Na mesma ocasião, o chefe, que o acompanhava no encontro com a jornalista, disse que eles estavam em lua de mel.

A lua de mel durou pouco. Segundo ex-funcionários do Pão de Açúcar, o CEO divergia do chefe com frequência — Abilio continuava a dar expediente diariamente. "O Cássio era um cara de opiniões fortes, batia de frente, e o Abilio nem sempre gosta de discutir", conta um ex-executivo da rede.

Casseb também não conseguiu fazer muitos aliados entre seus subordinados. José Roberto Tambasco, um dos mais longevos funcionários da varejista e que nessa época ocupava o posto de diretor-executivo da unidade de negócios Pão de Açúcar, conta como foi:

> *Uma das áreas em que ele (Casseb) fez muita besteira foi em importação. Ele sabia que o Casino queria que a gente importasse mais, através dos escritórios de negócios na China, e simplesmente dizia: "Nós vamos importar cem milhões de dólares este ano, se vira". Em geral essas decisões não são assim, têm que ser tomadas com o comercial junto, porque, afinal, o produto precisa ser vendido. Isso virou um pepino para nós mais tarde. Trouxemos produtos que não tinham nada a ver, como um jet ski de plástico para criança, basicamente uma boia com motor, que foi colocada à venda no Extra. O negócio nem funcionava direito [...]. Mas, depois que foi comprado, como é que a gente podia fazer para botar aquilo para fora?*

A pá de cal na curta temporada de Casseb viria em novembro de 2007, durante uma reunião de apresentação do orçamento da companhia para o ano seguinte, em Paris. Abilio e o executivo haviam discutido antes da viagem por causa do teor do orçamento. Casseb não queria mais investir em hipermercados, porque julgava o segmento pouco rentável. Abilio era a favor de continuar apostando no formato. Casseb queria apresentar um orçamento conservador para 2008, enquanto o chefe entendia que a proposta era muito tímida. No final, Cássio, Abilio e Enéas Pestana, então CFO do Pão de Açúcar, embarcaram para a França levando o orçamento como o CEO queria.

O trio deveria mostrar a proposta para Jean-Charles Naouri e um pequeno grupo de executivos do Casino. O diálogo que se seguiu aos cumprimentos de praxe foi, para dizer o mínimo, surreal:

— Vamos direto ao ponto. Enéas, você pode apresentar? — disse Casseb.

Imediatamente Pestana levantou-se de sua cadeira para iniciar a exposição.

— Desculpe, Enéas, mas antes quero saber quais são as suas cinco prioridades — interrompeu Naouri.

— Todas as prioridades estão na apresentação. Enéas, faz favor — continuou Casseb.

— Não, Enéas, desculpe, mas pode se sentar. Você pode me dizer quais são as suas cinco prioridades? Porque, se você não tem cinco prioridades, eu não quero nem ver esse material — retorquiu Naouri, em tom baixo, mas firme.

— Mas as prioridades estão nesse material, que tem todos os racionais, os números, e o Enéas vai apresentar. Enéas, por favor — tentou novamente Casseb.

— Não vou ver a apresentação sem antes saber as prioridades — concluiu Naouri, dando a reunião por encerrada depois que o CFO se levantara e sentara três vezes sem conseguir abrir a boca.

Abilio, que não concordava com o orçamento feito pelo CEO, acompanhou toda a cena em silêncio.

Menos de duas semanas depois do episódio, em 10 de dezembro de 2007, o Pão de Açúcar anunciou a demissão de Cássio Casseb. Seu substituto seria Claudio Galeazzi, um conhecido reestruturador de empresas que já tinha trabalhado para o Pão de Açúcar na recuperação do grupo Sendas.

O paulista Claudio Galeazzi viu Abilio Diniz pela primeira vez quando ainda era um rapaz de vinte e poucos anos de idade (o empresário é três anos mais velho que Galeazzi) e ambos frequentavam a mesma academia de ginástica. "Eu era muito atlético. Abilio e Alcides, que treinavam ali, também pegavam pesado", lembra. "Alcides era capaz de fazer mil abdominais inclinados. Vivia fazendo apostas sobre isso."

Décadas se passaram até que se reencontraram, por motivos profissionais. Pércio de Souza havia sugerido a Abilio a aquisição do Atacadão. A rede paulista atuava no chamado "atacarejo", uma espécie de varejão voltado para as classes C e D (tanto pessoas físicas como microempresários), segmento que crescia aceleradamente. No ano anterior, a empresa faturara estimados 4,5 bilhões de reais. Abilio gostou da ideia.

Pércio negociou com o Atacadão durante quase um ano. Se a rede de Abilio fechasse o negócio, seria necessário alguém para comandar o atacarejo — que, a princípio, iria operar de forma independente do Pão de Açúcar. Foi quando surgiu o nome de Claudio Galeazzi, ex-CEO de empresas como Artex, Mococa, Vila Romana, Cecrisa e Lojas Americanas, e que àquela altura se dedicava a sua consultoria, a Galeazzi & Associados. Não só o consultor topou a iniciativa como ajudou a fazer uma análise da empresa.

No entanto, dentro do Pão de Açúcar havia desconfianças em relação àquele movimento. Quando o empresário levou o assunto para ser debatido no conselho de administração, alguns membros se opuseram. Entre eles, o ex-ministro Antonio Kandir e Ana Maria Diniz. "Tínhamos muita coisa para ganhar produtividade e eficiência em casa", lembra Ana Maria. "Achávamos que adquirir um negócio que não era exatamente o nosso iria tirar muito o foco."

Uma vez que as negociações com o Pão de Açúcar não se concluiam, o Atacadão saiu em busca de outros compradores. Os concorrentes Carrefour e Walmart entraram em ebulição — se um deles levasse a empresa, a liderança do Pão de Açúcar no setor seria colocada em xeque. Em abril de 2007, o Carrefour anunciou a compra do Atacadão por 2,2 bilhões de reais (a oferta inicial do Pão de Açúcar, no ano anterior, fora de R$ 1,75 bilhão de reais) e assumiu a liderança do varejo de alimentos no país.

Como Abilio reage quando perde um negócio assim? "Ele entra em qualquer disputa para ganhar, mas às vezes a gente perde", diz Enéas Pestana, que acompanhou o caso Atacadão de perto. "Aí ele fica louco, fica puto, fica bravo. Uma semana depois está tudo bem e ele só quer saber de seguir a vida e de lutar pelo mercado." Em novembro daquele mesmo ano, o Pão de Açúcar comprou 60% de outra rede de atacarejo, o Assai (o restante da empresa foi arrematado em 2009).

Em meados de 2007, Claudio Galeazzi andava de bicicleta pelas ruas de Orlando, na Flórida, onde tinha uma casa, quando seu telefone tocou. Era Abilio Diniz. O negócio com o Atacadão não saíra, mas o empresário queria chamar o consultor para outro trabalho. Galeazzi desceu da bicicleta e se sentou num gramado para conversar por mais de uma hora. Ao final, combinaram um encontro em São Paulo em duas semanas.

Na reunião, Galeazzi perguntou a Abilio qual era seu principal problema no grupo. "Sendas", respondeu o outro, sem titubear. O consultor então sugeriu que ele assumisse a operação. Seu contrato tinha dois anos de duração. Abilio lhe deu carta branca para fazer o que bem entendesse.

Galeazzi se mudou para um flat no Rio de Janeiro e deu início à sua intervenção. "Não fiz milagre nenhum. É que às vezes quem está no dia a dia da operação não vê coisas básicas que precisam ser mudadas", comenta. Um dos exemplos mais gritantes relacionava-se ao portfolio de produtos — idêntico em todas as lojas. A lógica até então era fazer compras grandes e unificadas para obter o melhor preço possível. "Não adianta ter uma negociação nacional com a Unilever, por exemplo, e comprar os xampus X, Y, Z para depois vender a mesma coisa na Zona Sul, região top, e na Baixada Fluminense", explica Galeazzi. "Nas áreas mais carentes, por melhor que fosse o preço, aqueles produtos ainda eram caros para os consumidores."

Para piorar, a exposição nas lojas também era padronizada. Mesmo em regiões mais pobres, onde as marcas nobres não cabiam no bolso dos consumidores, elas ocupavam os melhores espaços. Galeazzi também acabou com essa política. "Não dava pra colocar em destaque o que aqueles clientes não podiam comprar e deixar escondido o que eles de fato procuravam", explica.

Os resultados pífios da empresa exigiam um controle rigoroso do caixa. Despesas mais altas passaram a requerer aprovação prévia. Para se certificar de que mesmo as contas mais baixas e já pagas estavam adequadas, a equipe de Galeazzi implementou um sistema de controle por amostragem. "Normalmente, depois que um pagamento e aprovado, ninguém pensa mais nele. Mas basta convidar os responsáveis pela aprovação dessas despesas para explicar por que elas foram autorizadas que tudo começa a despencar", avalia.

Por fim, Galeazzi baixou uma orientação para que os executivos ficassem menos nas lojas — o que parecia uma heresia, já que Abilio sempre fora um entusiasmado defensor dessa prática. Para Galeazzi, os executivos estavam gastando tanto tempo percorrendo os corredores dos supermercados que acabavam deixando de lado a administração do negócio. Com alterações como essas, a Sendas encerraria o ano com margem ebitda (lucro antes de juros, impostos, depreciação e amortização) de 6,6%, a maior desde sua compra pelo Pão de Açúcar. Abilio, que a essa altura dava sinais evidentes de descontentamento com Casseb, vislumbrou um sucessor para o CEO.

No final de novembro de 2007, Abilio perguntou a Galeazzi se ele toparia assumir o Pão de Açúcar. O executivo gostou da ideia. Dias depois, foi conversar com os membros do comitê de recursos humanos.

— Como é que você vai se dar com o meu pai? — perguntou Ana Maria, uma das integrantes do grupo.

— Vou te responder da seguinte forma: fui para Criciúma *(sede da Cecrisa)* anos atrás, uma cidade que às sete da noite já não tinha mais movimento, e disse pra mim mesmo que ia gostar de lá. Digo do seu pai a mesma coisa: vou trabalhar com o Abilio e vou gostar dele.

Ao longo dos meses em que permaneceu na Sendas, Galeazzi atuou com autonomia total. Será que no Pão de Açúcar, sentando-se ao lado de Abilio, ele conseguirla repetir a fórmula? Como dois CEOs haviam sido ejetados da cadeira antes dele, Galeazzi sabia que seria preciso um belo jogo de cintura para lidar com o chefe. "Eu resolvi que não iria competir com o Abilio nem confrontá-lo, como o Cássio fez", lembra Galeazzi. "Claro que uma ou outra vez a gente brigou, mas no final das contas ou eu atendia o que ele queria, ou ele cedia um pouco."

Nos primeiros três meses depois de empossado, Galeazzi fez um reconhecimento detalhado do campo em que pisava, o que incluiu, principalmente, entrevistar os principais executivos. Ficou claro que o Pão de Açúcar precisava ser submetido a uma dieta drástica e urgente, que começaria com a revisão da estrutura organizacional. O novo CEO delegou uma missão aos vice-presidentes Enéas Pestana e José Roberto Tambasco: eles deveriam sugerir uma nova estrutura para a companhia, com menos níveis hierárquicos. Só no topo da organização havia quinze executivos. Na opinião de Galeazzi, bastariam seis: CEO, comercial, operações, logística, TI e finanças. A avaliação dos cargos e do perfil dos executivos deixaria claro quem permaneceria na empresa e quem seria demitido. A tarefa era tão complicada que Galeazzi se refere a Pestana e Tambasco como seus pretorianos, numa alusão aos soldados romanos.

Na prática, o Pão de Açúcar seguiria um dos principais mandamentos do americano Jim Collins, um dos mais respeitados pensadores de negócios do mundo. Para Collins, qualquer empresa que queira ser bem-sucedida deve, primeiro, colocar as pessoas certas nos assentos certos do "ônibus" e deixar que elas decidam para onde vai o veículo. Abilio se tornaria um admirador tão fervoroso de Collins que chegou a levar sua equipe para um workshop em Boulder, no Colorado, onde mora o guru. Depois o contratou para fazer uma palestra para os funcionários do Pão de Açúcar no Brasil. (Outro pensador que tem inspirado Abilio é o indiano Raj Sisodia, autor do livro *O segredo das empresas mais queridas*, que prega a necessidade de um propósito para as companhias além do resultado financeiro.)

Assim que saíram da sala de Galeazzi depois de receber a incumbência, Pestana e Tambasco caminharam até o fumódromo, perto das salas de reunião da diretoria. Trancaram a porta e se puseram a conversar. Pestana estava animado:

> *Falei para o Zé* (Tambasco) *que aquela era uma oportunidade do cacete. Conhecíamos a empresa, sabíamos o que estava errado. Tínhamos a chance de rever todo o modelo de gestão para então determinar uma nova estrutura organizacional, olhando papéis e responsabilidades de cargo, definindo processos para garantir o bom andamento da empresa* [...]. *Daí a gente podia tentar propor um novo sistema de remuneração variável, porque o que tinha até então* [...]. *Existia meta e existia bônus, mas, com tanta gente para bonificar, a remuneração variável era pequena. Um diretor ganhava um bônus de 100 mil reais àquela altura* [...].

Pestana e Tambasco passaram 45 dias trancados no fumódromo. Com a ajuda do RH, analisaram todas as "caixinhas" do organograma em vigor. Era preciso definir os cargos que permaneceriam e as características de quem deveria ocupá-los para depois cruzar com os perfis dos executivos da casa. Para cada nome, davam uma nota que ia de 1 a 5 em relação ao nível de aderência ao cargo pretendido. Uma análise técnica, e não subjetiva, orientaria o processo decisório. "Claro que tinha um julgamento meu, do Tambasco e do RH. Podia ter erro e podia ter algum viés, mas o fator determinante para escolher quem iria ocupar cada caixinha era sempre a competência", diz Pestana.

Galeazzi acompanhava de perto o trabalho da dupla e se esforçava para afastar Abilio. O empresário estava ansioso para saber o que sairia dali, mas seria envolvido apenas na reta final. A revisão resultou na demissão de trezentos executivos, entre eles, gente com décadas de casa. Foi o caso de Cidinha Fonseca, que comandava a área de recursos humanos e era muito próxima de Abilio (o empresário não ficou exatamente satisfeito com algumas dessas demissões, mas deixou que Galeazzi fizesse o que achava melhor). Dos quase cem diretores, metade permaneceu.

Os que ficaram se tornaram elegíveis a uma remuneração variável mais agressiva — até 55 salários extras em bônus e opção de compra de ações, uma dinheirama incomum no varejo. Uma das regras para determinar o pagamento dos bônus era que o ebitda crescesse pelo menos 20% ao ano. Além disso, a empresa instituiu um plano de previdência privada.

Paralelamente, Galeazzi levou para o Pão de Açúcar iniciativas que haviam funcionado na Sendas, como o grupo de controle de caixa. Ao apertar o cerco em relação aos gastos, a equipe descobriu, por exemplo, que mais de quarenta projetos de consultoria se encontravam em curso, muitos deles com objetivos parecidos (até então cada diretor tinha autonomia para fazer as contratações). Todos foram encerrados.

Não era a primeira vez que a empresa implementava programas para reduzir custos, mas em geral essas iniciativas vinham em momentos de crise — como a dos anos 1990 — e depois eram afrouxadas. Em 2005, o Pão de Açúcar chegou a colocar em prática o chamado Orçamento Base Zero (OBZ), programa que prevê a revisão anual integral de todas as despesas — de material de escritório a viagens — e que se tornou um dos grandes sucessos de eficiência da Ambev. O impacto do OBZ no Pão de Açúcar, no entanto, foi modesto. "A empresa não tinha ainda a cultura do controle de custos e a iniciativa teve pouca eficácia", explica Galeazzi.

Dessa vez foi diferente. O corte de gastos e o programa de remuneração variável agressivo, que estimulavam os executivos a perseguirem suas metas, fizeram as despesas fixas caírem de 22% da receita para 18% em cerca de um ano. A nova administração deixava claro que resultado era mais importante do que tamanho. "Antes o Abilio festejava vendas, mas eu sempre festejei resultado", conta Galeazzi. "Hoje ele tem uma visão diferente, de que receita é importante, mas desempenho e preço da ação também." Nesse último quesito, aliás, a gestão de Galeazzi alcançou números animadores: entre dezembro de 2007 e fevereiro de 2010, período em que esteve à frente da companhia, as ações quase dobraram de valor, enquanto o Ibovespa avançou menos de 5%.

Capítulo 15

Diniz e Klein, uma curta lua de mel

Em janeiro de 2010, a mulher de Claudio Galeazzi, Maria Leonor, faleceu em um acidente de avião. O CEO do Pão de Açúcar ficou profundamente abalado pela perda. Por sugestão de Abilio, começou a fazer terapia. A reflexão o ajudou a tomar uma decisão: antecipar sua saída da companhia.

Em dezembro de 2009, Enéas Pestana havia sido promovido ao até então inédito cargo de COO (*Chief Operating Officer*). O objetivo era prepará-lo para substituir Galeazzi, que pretendia deixar o Pão de Açúcar no final de 2010. Menos de dois meses depois da promoção, Galeazzi comunicou a Abilio que se desligaria da companhia e que o COO estava pronto para assumir sua posição. Abilio insistiu para que Galeazzi permanecesse, ainda que como consultor, mas ele se manteve irredutível.

Apesar da saída antecipada, desde que o Pão de Açúcar passara pelo processo de profissionalização Galeazzi foi o primeiro CEO a deixar a empresa em bons termos com Abilio. Tanto que anos depois viria a trabalhar com ele novamente, na BRF Da temporada com o empresário restou também uma recomendação médica: o remédio Secotex, para próstata. "Abilio me 'receitou' a primeira vez e o dr. Bernardino *(Tranchesi, o mesmo médico de Abilio)* continua prescrevendo até hoje", comenta Galeazzi. Seu único desgaste na saída foi em relação ao pagamento. Segundo ele, um advogado da companhia queria mudar as regras estabelecidas no início. Um mês se passou até que o combinado fosse cumprido. O executivo credita o desentendimento a Pestana — não a Abilio. "Enéas é o melhor financeiro com quem trabalhei na vida, mas ele é muito difícil com quem sai", diz Galeazzi. "Com a Cidinha *(Fonseca, do* RH*)* foi a mesma coisa, mas no caso dela eu intervim."

O paulistano Enéas César Pestana Neto tinha 46 anos quando se tornou presidente do Pão de Açúcar, em 4 de março de 2010. Ao contrário de seu antecessor, ele não era um forasteiro na companhia. Formado em ciências contábeis pela PUC de São Paulo, havia ingressado na varejista havia sete anos, para comandar a área financeira. Antes disso, trabalhara em empresas como Dasa, GP Investimentos e Carrefour.

Sua preparação para assumir o novo cargo incluiu sessões de *coaching,* terapia (duas delas com a presença de Abilio) e análise de "uma lista de melhorias" que ele deveria implementar. "Entre os pontos que apareceram estava a necessidade de ser mais flexível e de visitar mais lojas", lembra Pestana. Ele era um sujeito tão focado em resultados que levava esses conceitos para dentro da própria família. "Eu tinha plano de ação para meus filhos, com meta, bônus, avaliação. Até isso eu mudei nessa época."

Tornar-se uma pessoa de trato mais fácil era a parte mais simples da missão. A maior dificuldade seria integrar as duas grandes redes que o Pão de Açúcar adquirira em 2009. A primeira delas era o Ponto Frio, então a segunda maior rede de varejo de eletroeletrônicos do país. O negócio, fechado em junho por 824,5 milhões de reais, garantiu a Abilio a recuperação da liderança do setor, perdida para o Carrefour anos antes. A outra foi a rede Casas Bahia, na maior transação da história do varejo nacional, que deu origem a um colosso com faturamento de quase 40 bilhões de reais. As duas aquisições transformaram o Pão de Açúcar na maior rede de eletroeletrônicos do Brasil.

Abrir rotas de crescimento além do varejo de alimentos era algo estudado por Abilio Diniz havia tempo. Em 2008, Pércio de Souza sugeriu ao empresário um negócio com o Ponto Frio (um plano que havia sido analisado no passado). Abilio o autorizou a levar a ideia adiante.

O banqueiro marcou um encontro com Francisco Gros, então vice-presidente do conselho de administração do Ponto Frio. Ex-presidente do Banco Central, do BNDES e da Petrobras, Gros era homem de confiança de Lily Safra, viúva do banqueiro Edmond Safra e dona do Ponto Frio. Depois de algumas conversas iniciais, decidiram marcar uma reunião com a própria Lily, no apartamento em que ela residia, em Nova York. Participaram Abilio, Pércio, Gros, Lily e Jack Levy, o principal executivo da área de fusões e aquisições do Goldman Sachs. Lily falou pouco. A conversa não avançou.

Seis meses depois, o Goldman Sachs foi oficialmente contratado para vender o Ponto Frio. Entre os candidatos à compra estavam as Lojas Americanas, o Magazine Luiza e a rede baiana Insinuante (que tempos depois formaria a Máquina de Vendas com a mineira Ricardo Eletro). A estratégia do Pão de Açúcar inicialmente foi demostrar pouco interesse pelo negócio. Em paralelo, tratava de estudar com afinco todos os detalhes da varejista carioca — a análise exaustiva rendeu um relatório com mais de quinhentas páginas que incluía o desempenho de cada uma das 455 unidades da rede. Além de Abilio e Pércio, um grupo restrito de executivos do Pão de Açúcar, incluindo Claudio Galeazzi (ainda CEO) e Enéas Pestana, acompanhava as negociações.

Como o Casino tinha limitações de endividamento, a oferta pela Globex (controladora do Ponto Frio) envolvia uma parte em dinheiro e outra em ações do Pão de Açúcar. Assim, Lily Safra receberia 373,4 milhões de reais à vista e outros 451,1 milhões em ações do Pão de Açúcar, numa emissão realizada poucas semanas depois da conclusão do negócio. Para dar mais tranquilidade à dona do Ponto Frio, o Pão de Açúcar ofereceu uma espécie de seguro do valor das ações. Se elas caíssem no período entre o anúncio do negócio e o pagamento, a empresária receberia de acordo com o preço do papel na data do fechamento da aquisição; se subissem, Lily ficaria com o ganho. A Estáter sugeriu uma aquisição no modelo "porteira fechada", que liberava os acionistas do Ponto Frio de eventuais contingências.

Com essa proposta em mãos, Pércio viajou para Nova York a fim de negociar com Jack Levy. Depois de cinco dias de discussões, chegaram a um acordo. Restava formalizar o contrato — um processo que exigiu o trabalho de dezenas de banqueiros, advogados e assessores até as quatro da manhã de 8 de junho. Na mesma data a aquisição foi anunciada. Luiza Helena Trajano, superintendente do Magazine Luiza e principal adversária do Pão de Açúcar na disputa pelo Ponto Frio, ficou arrasada com a derrota. "Vivi sete dias de luto", declarou uma semana após a conclusão do negócio.

Seis meses depois de arrematar o Ponto Frio, o Pão de Açúcar fechou uma compra ainda maior, a das Casas Bahia, fundada pelo polonês naturalizado brasileiro Samuel Klein. A primeira aproximação entre Abilio e os Klein acontecera em 2007. Na ocasião, o consultor Marcos Gouvêa de Souza, especialista em varejo, fora contratado pelas Casas Bahia para procurar possíveis interessados:

> *Eles* (os Klein) *entenderam que precisavam de alguém para atuar nesse negócio que não fossem os bancos tradicionais* [...]. *Nós fizemos um projeto de consultoria, de melhorias. No fundo, era todo o instrumental para preparar uma eventual venda. Quando concluímos esse trabalho todo, procuramos Carrefour, Walmart e Pão de Açúcar* [...]. *Teve muita reunião, helicóptero, hotel, esse negócio todo. Mas nesse ínterim houve um problema dentro da Bahia entre o Michael e o Saul* (os filhos de Samuel se desentenderam e Saul acabou saindo da empresa) [...]. *Eles pediram para suspender a venda e foi uma frustração enorme para nós.*

As Casas Bahia eram então uma estrela do varejo brasileiro. Haviam surfado a onda da ascensão da classe C como nenhuma outra e seu modelo de gestão se tornara alvo de estudos de instituições de ensino estrangeiras como a Michigan Business School e a Harvard Business School. A empresa era uma das protagonistas do já clássico *A riqueza na base da pirâmide,* do professor C. K. Prahalad, publicado em 2004. Abilio estava disposto a esperar outra chance.

A oportunidade surgiu no segundo semestre de 2009, assim que os desentendimentos entre os irmãos foram resolvidos — Saul deixou a empresa depois de receber quase 1 bilhão de reais. Abilio telefonou a Michael, o presidente das Casas Bahia, e propôs que se encontrassem para discutir o futuro das empresas. A reunião contaria com apenas cinco pessoas — pelo Pão de Açúcar, Abilio, seu filho João Paulo e Pércio; pelas Casas Bahia, Michael e seu filho Raphael.

As conversas avançaram com rapidez — talvez rápido demais, como o tempo viria a mostrar. Em menos de dois meses as linhas centrais do acordo foram acertadas, com o consentimento do patriarca dos Klein, Samuel, dono de 53% das Casas Bahia e então com 86 anos.

O clima era tão amistoso que um mesmo advogado — Syllas Tozzini, sócio da banca Tozzini Freire — foi contratado para assessorar ambos os lados, prática bastante incomum. O Pão de Açúcar também dispensou o tradicional processo de *due diligence,* em que os números da empresa-alvo são escrutinados. Todos estavam empenhados em concluir a negociação o mais rápido possível.

Assim como ocorreu com o Ponto Frio, o Pão de Açúcar tinha novamente limitações de endividamento por conta da política do Casino. Por isso, uma compra nos moldes tradicionais estava fora de cogitação. Pércio de Souza trabalhou então num modelo para unir as duas companhias, de modo que o Pão de Açúcar fosse o controlador da nova empresa. Casas Bahia e Ponto Frio (além do Extra Eletro) seriam unidos, dando origem a uma companhia chamada Nova Casas Bahia — depois rebatizada de Via Varejo. Para que cada uma tivesse valor aproximado de 2 bilhões de reais foi preciso fazer alguns ajustes. Dentre eles, excluir do negócio os imóveis das Casas Bahia e a fábrica de móveis Bartira, também da família Klein. Seria criada ainda uma empresa voltada exclusivamente para as operações on-line das varejistas de eletroeletrônicos, a NovaPontocom, controlada pelo que viria a ser a Via Varejo (anos depois a NovaPontocom daria origem à Cnova). Quando a estrutura ficou definida, Pércio embarcou para Paris a fim de apresentá-la a Jean-Charles Naouri. O sócio de Abilio concordou com a proposta.

Feitas as contas, a Globex (do Pão de Açúcar) ficaria com 50% das ações ON mais uma ação da Nova Casas Bahia. O velho Samuel, que participou de diversas etapas da negociação, chegou a dizer durante o processo que não entendia por que estava colocando um patrimônio maior e tinha participação menor na empresa resultante da associação. Pércio e sua equipe explicaram que havia outros critérios a considerar, como geração de caixa. A dúvida do empresário parecia esclarecida. Um jantar na casa do banqueiro de Abilio selou o acordo, que seria formalizado e divulgado em alguns dias.

Foi quando os rumores de uma negociação entre os Diniz e os Klein começaram a surgir — e as ações da Globex, a disparar. No dia 3 de dezembro os papéis subiram mais de 35%. A Bovespa procurou a empresa para que explicasse a movimentação atípica. Era preciso antecipar o anúncio, antes que as coisas escapassem ao controle. Na manhã de 4 de dezembro, Pércio telefonou para Abilio. O empresário viajava em jato particular para Paris, onde participaria de uma reunião do Casino. Os dois conversaram sobre as implicações da escalada das ações e o empresário, que àquela altura sobrevoava Salvador, decidiu retornar a São Paulo. No mesmo dia, Abilio Diniz e Michael Klein fizeram o anúncio da associação.

Ao revelar à imprensa os números do negócio, Abilio e Michael eram só felicidade. Pão de Açúcar e Casas Bahia tinham agora o tamanho das operações brasileiras de Carrefour e Walmart juntas. Com 1.807 lojas espalhadas por dezoito estados, empregavam 137 mil funcionários — mais do que qualquer outra empresa brasileira. Num jogo como o varejo, onde escala é crucial, Abilio e Michael pareciam ter dado um xeque-mate.

Não demorou para que a animação acabasse. "Depois da festa e dos sorrisos no dia do anúncio da operação Pão de Açúcar/Casas Bahia, a realidade mudou: a relação entre Abilio Diniz e Michael Klein anda estressada", publicou o jornalista Lauro Jardim, da revista *Veja,* duas semanas após o negócio se tornar público. Uma nova grande disputa estava começando para Abilio.

Depois de assinar o acordo de 29 páginas com o Pão de Açúcar, os representantes das Casas Bahia se arrependeram. Poucos dias após o anúncio, Michael Klein foi até o escritório de Pércio de Souza. Ele informou ao banqueiro que seu pai não estava satisfeito. "Não dá para desfazer o negócio?", perguntou Michael. Pércio respondeu: "A empresa é pública. Já foi, né?" Michael foi embora nitidamente insatisfeito. Pércio alertou Abilio.

Por quase dois meses, a interlocução entre as partes foi frequente. Aos poucos, o tom foi se tornando belicoso. Numa das reuniões entre Pércio e os Klein, Raphael, com 32 anos à época e que por três anos ocuparia a presidência da Via Varejo, resumiu a vontade do clã de rediscutir o contrato: "Para a gente é o seguinte: na pedra estão os mandamentos, o resto a gente discute."

Abilio e Pércio perceberam que a situação não teria volta quando os donos das Casas Bahia contrataram o banco Lazard para cuidar da renegociação do acordo. A principal queixa dos reclamantes era que sua participação havia sido subvalorizada. A queda de braço se manteve privada por meses, até que no dia 12 de abril de 2010 o site da revista *Exame* revelou que os socios renegociavam o contrato. No mesmo dia as ações do Pão de Açúcar caíram 2,2% e as da Globex recuaram 3,4%.

Entre estender uma briga pública e rediscutir o acordo, Abilio ficou com a segunda opção. Em julho de 2010, um novo documento foi assinado. A principal alteração em relação ao original foi que o Pão de Açúcar teve de aportar mais 689 milhões de reais na Globex (o que aumentou sua participação de 51% para 53%).

Não era a primeira vez que uma rede adquirida por Abilio exigia mais dinheiro depois de assinar o contrato. O mesmo havia acontecido com a Sendas. Em 2003, o Pão de Açúcar havia feito uma associação com a rede fluminense para criar uma nova empresa, em que cada sócio teria 50% do capital votante. A família teria direito a vender sua participação até 2013 ou antecipar sua saída, caso o controle do Pão de Açúcar mudasse de mãos. Com o aumento da participação do Casino, em 2005, a Sendas passou a exigir o pagamento de 700 milhões de reais por sua fatia. Abilio não concordou e o caso foi parar numa câmara de arbitragem no Rio de Janeiro. A rede Sendas perdeu a disputa — e os herdeiros da varejista receberam 377 milhões de reais por sua participação, pouco mais da metade do valor pedido.

Se o acordo com as Casas Bahia fora resolvido, o mesmo não se podia dizer do relacionamento entre os sócios, estremecido para sempre. Em abril de 2012, Enéas Pestana, já presidente do Pão de Açúcar, requereu durante uma reunião do conselho de administração da Via Varejo uma revisão dos números da companhia. Um dos motivos do descontentamento do Pão de Açúcar era a percepção de que os Klein encaravam a empresa como uma extensão da família — alguns fornecedores da Via Varejo eram do próprio clã. O controlador queria que todos esses contratos fossem revistos. (Curiosamente, uma discussão parecida aconteceria depois entre o Casino e Abilio Diniz — mas, dessa vez, Abilio é que teria seus gastos questionados.) Passados alguns meses, Michael Klein manifestaria interesse em comprar a fatia dos Diniz na empresa para colocar um ponto final na sociedade.

A tensão entre os Diniz e os Klein perduraria até a saída de Abilio do Pão de Açúcar.

Capítulo 16

O embrião da disputa com o Casino

Ao longo de sua vida, o tenista brasileiro Cássio Motta, que na década de 1980 chegou a ocupar a 48ª posição no ranking mundial de simples e a quarta em duplas, levou duas boladas nos olhos que o nocautearam. A primeira aconteceu em 1984, em Londres. Motta estava nas quartas de final de simples do torneio Benson & Hedges, que acontecia no estádio de Wembley. Seu adversário seria o americano Peter Fleming, que chegara a ser o número 1 do mundo em duplas, ao lado do lendário John McEnroe.

Antes de desafiar Fleming, Motta tinha agendada uma partida de duplas. Seu parceiro seria o americano Sherwood Stewart; os adversários, os também americanos Butch Walts e Gary Donnelly. Eles ainda estavam no aquecimento quando Walts, um homenzarrão de 1,93 metro de altura, sacou com toda a força em cima de Motta, abaixo da linha da cintura. Sem tempo de se esquivar do míssil, o brasileiro colocou a raquete em frente ao corpo para se proteger. A uma velocidade de quase 200 quilômetros por hora, a bola bateu no cabo da raquete de Motta e de lá explodiu em seu olho esquerdo. Sem enxergar mais, o brasileiro foi obrigado a deixar a quadra. A partir daquele momento, fez o que pôde para garantir que seu olho desinchasse. Colocou gelo, pingou colírio, fez compressas com salsinha. Nada. Quando entrou em Wembley, no dia seguinte, para enfrentar Fleming, Motta mal conseguia enxergar. Ele bem que tentou. Um game. Dois. Três. Com o olho ainda semifechado, ele estava sendo massacrado. Não havia como continuar. Contrariado, abandonou o jogo.

A segunda vez em que Cássio Motta teve um acidente parecido foi quase duas décadas depois, quando já estava aposentado e disputava uma partida de duplas com amigos. Os adversários eram o empresário Jorge Paulo Lemann, que no passado chegara a representar o Brasil e a Suíça na Copa Davis (ele tem dupla cidadania) e a professora de tênis Denia Salu. Seu parceiro era o amigo Abilio Diniz.

A partida, jogada na quadra rápida que Abilio mantém em sua casa, estava disputada. O primeiro set chegara ao *tie-break*. Era a vez de Abilio ir para o saque. O empresário caminhou até o fundo da quadra, lançou a bola para o alto, fez um arco com o corpo e desferiu um golpe rápido com sua raquete. Motta, que naquele momento deveria estar com o rosto voltado para os adversários, virou para trás e olhou de relance para o parceiro. A bola o acertou em cheio — e, como em Wembley, no olho esquerdo. A diferença foi que dessa vez ele conseguiu terminar a partida. A dupla Lemann/Denia ganhou o único set do jogo por 7/6.

Naquela partida, Abilio era o único que jamais havia encarado o tênis como profissão. Denia, dona de uma academia, é professora há quase duas décadas. Jorge Paulo e Cássio disputaram torneios internacionais. Abilio não se abalou com a experiência dos demais jogadores e entrou em quadra de igual para igual com eles — uma postura que sempre adotou não só nos esportes, mas também como empresário.

Abilio não se intimida facilmente. Quando o Pão de Açúcar estava à beira da falência, nos anos 1990, ele assumiu o controle da empresa e conseguiu recuperá-la. Quando as brigas de família começaram a ameaçar a perpetuidade da varejista, deu um jeito de comprar a participação dos irmãos e de afastá-los da empresa — ainda que a medida colocasse em risco a união do clã. Quando grandes varejistas internacionais como Carrefour e Walmart voltaram suas atenções para o Brasil, foi a campo numa maratona de aquisições em busca de escala e melhores resultados para a companhia. É possível dizer que, ao longo de décadas, Abilio havia enfrentado — e vencido — todas as grandes adversidades que surgiram na sua vida profissional.

Tudo mudou quando teve de lidar com um novo inimigo, seu sócio francês Jean-Charles Naouri, presidente do conselho de administração do Casino.

A convivência entre Pão de Açúcar e Casino, iniciada em 1999, se manteve cordial por anos. Quando nasceu Rafaela, a primeira filha de Abilio e Geyze, em 2006, Naouri enviou para a família um copo de prata da centenária marca francesa Christofle, com as inicias da bebê gravadas. Em 2009, quando Geyze deu à luz Miguel, segundo filho do casal, o sócio caprichou ainda mais. "A secretária dele veio entregar pessoalmente uma mala da Prada. Dentro de cada gavetinha tinha roupinhas e sapatinhos de grife, bichinhos de pelúcia, tudo chiquérrimo", lembra Geyze. "No dia seguinte, ele veio aqui em casa para fazer uma visita." Talvez por discrição, talvez por querer manter distância, Naouri nunca convidou Abilio para ir a sua casa. O único membro da família de Naouri que Abilio conhece é seu primogênito, Gabriel, que desde 2007 trabalha no Casino.

Mesmo depois de aumentar sua participação no Pão de Açúcar, em 2005, o Casino mantinha uma atuação comedida. Ocupava seus assentos no conselho de administração e só. O clima entre as partes começou a dar os primeiros sinais de desgaste, ainda que de forma discreta, no início de 2009. O Casino tinha regras que limitavam seu endividamento, o que afetava os planos do Pão de Açúcar. Foi por essa razão, principalmente, que as aquisições do Ponto Frio e das Casas Bahia envolveram trocas de ações, e não apenas dinheiro.

Abilio tomou a iniciativa de procurar Naouri para achar uma forma de contornar uma situação que poderia, em seu entendimento, comprometer o crescimento da companhia. A partir de junho de 2012, quando o Casino assumiria o controle da CBD (o que lhe permitiria consolidar os resultados da varejista brasileira em seu próprio balanço), seria mais difícil mudar essa regra.

A sugestão do brasileiro foi que ele convertesse parte de suas ações no Pão de Açúcar em ações da Rallye, holding controladora do Casino. Ele seria minoritário na Rallye, mas contava com a chance de ter um assento em seu conselho de administração. Num almoço no restaurante L'Avenue, em Paris, os dois conversaram sobre o tema. "Põe uma pessoa do teu lado que eu coloco o Pércio para desenhar esse negócio mais concretamente", disse Abilio. Naouri teria respondido que Pércio de Souza, o banqueiro do sócio, poderia sugerir o formato em nome dos dois (algum tempo antes, o próprio Casino chegara a contratar a Estáter para um trabalho na Colômbia). Ao final do almoço, Abilio seguiu até o hotel Bristol, onde Pércio estava hospedado com a família, para lhe contar sobre o encontro.

Quando o banqueiro enviou sua proposta, Naouri ficou furioso. Abilio lembra da reação:

> *O Jean-Charles nunca mais quis ver o Pércio na frente, disse que ele estava tramando para evitar que eu lhe desse o controle da companhia e que eu queria tomar o poder na Rallye lá em cima* [...]. *Ele viu fantasma onde não tinha nada* [...]. *Eu só não queria entregar uma ação para ele e deixar o Pão de Açúcar pendurado no Casino, sem interferência minha, sem minha participação, porque a companhia merecia crescer muito mais* [...]. *Eu só queria acomodar as coisas. Quem manda no Pão de Açúcar depois de 2012? Casino. Sozinho. Quem dá as ordens para o Casino? A Rallye, onde eu queria entrar* [...]. *Não interferia na consolidação dos resultados que eram importantes pra ele, mas eu teria uma posição em que todo mundo veria que, em relação ao Pão de Açúcar, eu continuava atuando. Mas ele não entendeu assim.*

Depois disso, as conversas esfriaram. Levou mais de um ano para que se tocasse no tema de forma incisiva novamente. Em setembro de 2010, Naouri veio ao Brasil para participar da reunião de planejamento estratégico da companhia, que aconteceria na Fazenda da Toca. Abilio considerou que seria uma boa oportunidade para retomar o assunto. Segundo o empresário, os dois falaram que era preciso encontrar uma solução para o impasse. "Mas nunca falamos sobre uma eventual saída minha. Isso era algo que nem passava pela minha cabeça", afirma. A conversa foi tensa e inconclusiva. Desconfiado, Naouri começou a se preparar para um eventual embate.

Em fevereiro de 2011, o Casino procurou o advogado Marcelo Ferro, especializado em contencioso e sócio da banca Ferro, Castro Neves, Daltro & Gomide. Ferro explicou que já prestava serviços para Abilio, o que geraria conflito de interesses. Em seguida, o advogado avisou a seu cliente que havia sido procurado pelo francês. Abilio aproveitou uma reunião que teria com

Naouri em São Paulo para tocar no assunto. O francês desconversou — e o Casino acabou contratando outro especialista, o advogado Marcelo Trindade, ex-presidente da CVM.

Embora Abilio argumentasse que queria renegociar o contrato para preservar o crescimento da empresa, Naouri fazia outra leitura. Para o empresário francês, ficava a impressão de que o sócio se arrependera da venda em 2005 e buscava uma manobra para eximi-lo de entregar o controle. Ou, como narra alguém que acompanhou a disputa de perto (e prefere não ser identificado):

> *O acordo foi muito bem-feito para alguém que quisesse chegar aos 75 anos, se aposentar e ter uma posição de destaque. Só que no meio do caminho aconteceram muitas coisas. A primeira é que ele* (Abilio) *se casou de novo, teve outros filhos e continuou com muita energia e vitalidade. Foi um homem que rejuvenesceu dez anos em vez de envelhecer dez anos. Além disso, o Brasil mudou de patamar — e o Pão de Açúcar mudou junto. Então, aquele ativo que valia muito menos em 2005* (6,4 *bilhões de reais*) *passou a valer muito mais no momento da troca de controle* (20,5 *bilhões de reais em junho de 2012*)*. Ou seja, era uma realidade muito diferente da época em que o contrato foi assinado. Não dava para negar que ele estivesse fazendo um bom trabalho na companhia. E aí, talvez, o Abilio tenha olhado para trás e se perguntado se precisava mesmo dos franceses para fazer tudo o que fez* [...].

Depois da reunião na Fazenda da Toca, Naouri designou o francês Arnaud Strasser e o brasileiro Ulisses Kameyama, executivos do Casino e seus representantes no conselho de administração da CBD, para discutir a relação com o sócio brasileiro. Abilio determinou que seus representantes seriam Eduardo Rossi, CEO da Península, e a advogada Renata Catelan, que ocupava o posto de secretária do conselho. "Já no primeiro diálogo foi um desastre. Eles foram arrogantes, prepotentes, agressivos, indelicados", recorda Abilio. Pouco depois, o empresário brasileiro decidiu colocar Pércio de Souza à frente das negociações.

Em paralelo, Abilio pôs em marcha outro plano, que por meses seria tratado sob sigilo: o de comprar a rede francesa Carrefour. A segunda maior varejista do mundo enfrentava sérias dificuldades, causadas principalmente pela crise econômica que a Europa — seu principal mercado — atravessava. O faturamento global em 2011 cairia 10% e o lucro recuaria quase 40%.

Em parte inspirado nos amigos Jorge Paulo Lemann, Marcel Telles e Beto Sicupira, que compraram a combalida Brahma em 1989 e por meio de uma série de aquisições e fusões tornaram-se controladores da Ab InBev, a maior fabricante de cerveja do mundo, Abilio queria agora participar do que chamava de "campeonato global". A ideia era unir as operações do Pão de Açúcar e do Carrefour no Brasil. Seria criada uma holding que controlaria as operações de ambas as varejistas no país e se transformaria na segunda maior acionista individual do Carrefour na França. Abilio deixaria de ter atuação exclusivamente no Brasil e passaria a ser um sócio relevante numa companhia com representação mundial.

A operação sugerida por Abilio e seu time teria mais uma consequência: diminuiria a participação do Casino no capital da nova empresa para 27% e afetaria sua tomada de controle em 2012 (Abilio jura que esse efeito colateral não era sua principal motivação). Como fez antes, enquanto negociava a compra de outras empresas como Ponto Frio e Casas Bahia, Abilio não informou Jean-Charles Naouri da iniciativa. Ele apresentaria a operação para aprovação do sócio apenas no momento em que estivesse tudo encaminhado:

> *Quando comecei a fazer o negócio do Carrefour, eu sempre tive na cabeça que, no momento em que eu levasse tudo lá para ele* (Naouri), *ele ia dizer: "Uau, que bacana!". Ia ficar puto num primeiro momento: "Pô, por que não falou antes?". Mas em seguida ia perceber que o negócio era bom. Daria um palpite aqui, outro ali e pronto. E depois seria festa no céu. Essa era a minha ideia, o que eu imaginava que iria acontecer. Não sou burro. Sabia que se o Jean-Charles não assinasse, não ia ter negócio.*

A primeira vez que Abilio conversou com um acionista do Carrefour sobre um eventual negócio foi em 20 de julho de 2009. Pércio de Souza telefonou para Pierre Bouchut, ex-executivo do Casino que ingressara no Carrefour como CFO em março daquele ano. Bouchut organizou um almoço no restaurante do hotel Four Seasons de Milão do qual participaram Abilio, Pércio e Sébastien Bazin, então responsável pelos investimentos europeus do fundo Colony (o empresário Bernard Arnault, dono do conglomerado de luxo LVMH, e o Colony eram sócios na holding Blue Capital, controladora do Carrefour).

O pretexto do almoço era o futebol — o Colony acabara de comprar o Paris Saint-Germain e Abilio é um fervoroso admirador do esporte. "Falamos cinco minutos sobre futebol e depois entramos no assunto que realmente interessava", admite Abilio. Pego desprevenido, Bazin mais ouviu que falou — e ao longo de meses pouco se avançou.

Foi em outubro de 2010 que as conversas entre Pércio e representantes dos principais acionistas do Carrefour engrenaram (o banco Lazard seria contratado para negociar em nome dos acionistas franceses). A Estáter desenharia, a partir de então, mais de uma centena de versões para um possível negócio entre Pão de Açúcar, Carrefour e Casino. Simultaneamente, Abilio contratou consultores que avaliaram as sinergias entre as empresas. Entre eles, estavam Marcos Gouvêa de Souza e a Tendências Consultoria, que tem, entre os sócios, Maílson da Nóbrega, ex-ministro e ex-conselheiro do Pão de Açúcar.

Faltava encontrar quem financiasse a operação. Em agosto de 2010, Abilio esteve na sede do BNDES a convite do presidente do banco, Luciano Coutinho. Acompanhado de um pequeno grupo de executivos do Pão de Açúcar, fez uma apresentação do cenário do varejo no Brasil. O BNDES estava então dedicado a uma franca defesa de uma política de criação de "campeãs nacionais". Segundo Abilio, ao final do encontro, Coutinho teria lhe dito que, se precisasse de alguma coisa, poderia contar com o banco. Meses depois, Abilio e Pércio se sentariam com o presidente da instituição para sugerir sua participação no negócio. O BNDES topou.

A arquitetura do acordo exigiria ainda um segundo investidor, dessa vez, privado. Pércio de Souza chegou a conversar com Zeca Magalhães, sócio da empresa de investimentos Tarpon (que por anos detivera posição relevante no Pão de Açúcar), e com Gilberto Sayão, fundador da gestora carioca Vinci Partners e ex-sócio do banco Pactual. Em ambos os casos, ouviu que preferiam focar investimentos no Brasil. Em maio de 2011, um interessado de peso surgiria: o BTG Pactual de André Esteves (o ex-presidente do Pão de

Açúcar Claudio Galeazzi, que havia se tornado sócio do BTG depois de deixar a varejista, foi quem apresentou o negócio a Esteves).

Dois meses antes, num almoço com a presidente Dilma Rousseff e o então ministro-chefe da Casa Civil, Antonio Palocci, Abilio comentou que estava negociando com o Carrefour. Abilio se tornara próximo de Dilma em 2010, quando foi o primeiro grande empresário a apoiar sua candidatura à presidência. "Dilma ficou encantada com a ideia", lembra Abilio. "Falei por alto como seria, que ainda era sigiloso, exigiria uma negociação grande pela frente e que o BNDES estaria junto." Cerca de dois meses depois desse almoço, Dilma Rousseff anunciou a criação da Câmara de Políticas de Gestão, Desempenho e Competitividade, uma iniciativa de levar para a esfera pública modelos e práticas de gestão do setor privado. Representando o empresariado, compunham a câmara Jorge Gerdau, presidente do conselho de administração da siderúrgica Gerdau; Henri Philippe Reichstul, ex-presidente da Petrobras; Antonio Maciel Neto, então presidente da Suzano e hoje principal executivo do Grupo Caoa; e Abilio Diniz (a câmara seria desativada em setembro de 2014). Discretamente, parecia que o Planalto tinha dado a bênção para que Abilio levasse seu plano adiante.

Capítulo 17

Tensão e espionagem

Quase 45 mil pessoas se aglomeravam no estádio do Engenhão, no Rio de Janeiro, em 22 de maio de 2011, para assistir ao show do ex-Beatle Paul McCartney. Ao longo de mais de duas horas de apresentação, o cantor e compositor apresentaria 33 músicas, incluindo clássicos como "Let It Be", "The Long and Winding Road" e "Yesterday". O advogado Marcelo Ferro estava na plateia, acompanhado da esposa e da filha, quando seu celular tocou. Ferro se afastou da família, procurou um banheiro, fechou a porta e se sentou no vaso sanitário. A reunião por telefone prometia ser longa e tensa. Participariam poucas pessoas, entre elas, Abilio Diniz, Pércio de Souza e a advogada Renata Catelan. Para ele, o show tinha acabado.

Naquela manhã, o diário francês *Le Journal du Dimanche* publicara uma reportagem sobre as negociações envolvendo o Pão de Açúcar e o Carrefour. Quatro dias antes, Pércio de Souza e um pequeno time da Estáter haviam tido a primeira reunião com executivos do Carrefour, na França, para discutir o negócio. Como ainda havia muito a ser debatido, ambos os lados decidiram que era cedo para informar qualquer movimento ao Casino. O vazamento da notícia foi desastroso. Naouri se sentiu publicamente traído. Enviou uma notificação ao sócio pedindo explicações e, dias depois, recorreu à Câmara Internacional de Comércio (ICC, na sigla em inglês), pedindo que o empresário brasileiro cumprisse o contrato firmado anos antes. A guerra estava instaurada.

A primeira reação dos brasileiros foi tergiversar. "A Companhia Brasileira de Distribuição ('CBD ou Companhia'), em atendimento ao disposto na Instrução CVM nº 358/2002 e face às reportagens publicadas nas mídias brasileira e francesa acerca de negociações com o Carrefour, vem a público comunicar a seus acionistas e ao mercado em geral que não é parte em qualquer negociação com o Carrefour e não contratou qualquer assessor financeiro com esse fim", dizia o comunicado ao mercado distribuído três dias após o vazamento da notícia.

A única saída para contornar a situação seria convencer Naouri de que o Carrefour era uma boa oportunidade (de largada, o francês deixara claro que não via potencial no modelo de hipermercados adotado pelo Carrefour). Àquela altura, o Casino já havia contratado também o Goldman Sachs para assessorá-lo. O representante do banco americano era Jack Levy (que havia negociado, em nome de Lily Safra, a venda do Ponto Frio para o Pão de Açúcar). Pércio de Souza insistiu com Levy para que Naouri ao menos ouvisse a apresentação do negócio antes de fechar as portas. Não conseguiu que o francês mudasse de ideia.

A briga foi amplificada na imprensa. Diariamente, reportagens e notas esmiuçavam o andamento do caso. Nesse campo, o Casino estava mais bem preparado do que Abilio. Havia quase três meses que a FSB, maior agência de comunicação do Brasil, fora contratada pela varejista francesa (o Casino recrutaria ainda outras empresas e especialistas, como a In Press e os consultores Mário Rosa e Eduardo Oinegue, mas cabia à FSB a coordenação do processo). Abilio, por sua vez, só começou a se preparar depois do vazamento do jornal francês, ao contratar a agência Máquina da Notícia (foram recrutados também os consultores Cila Schulman, Sérgio Malbergier, Gustavo Krieger e Marcelo Onaga).

Quando a crise eclodiu, as pessoas mais próximas de Abilio eram Pércio de Souza, Geyze Diniz, Renata Catelan e Eduardo Rossi (CEO da Península). O empresário pediu ajuda também à filha Ana Maria, que havia anos não trabalhava com o pai. Nessa fase inicial coube a ela coordenar as atividades ligadas à imprensa. Ana se envolveu tanto que cancelou a festa de seus cinquenta anos de idade, marcada para julho em Saint-Barth, no Caribe.

Ela se afastaria três meses depois, por duas razões. Em primeiro lugar, para cuidar de seu investimento em uma empresa de energia alternativa, a Sykué Bioenergya, que apresentava problemas. Baseada na geração de energia a partir de capim, a Sykué chegou a fechar contrato de fornecimento com o Pão de Açúcar, mas nunca conseguiu produzir o necessário — precisava então comprar energia no mercado para cumprir o contrato. Isso consumiu seu caixa. Na época da briga com o Casino, Ana teria que destituir o sócio e pedir à família um adiantamento de sua herança para pagar as dívidas da Sykué. Com o tempo, conseguiu recuperar a companhia.

A outra razão para se distanciar do conflito com o Casino foi que, em sua opinião, as reuniões intermináveis com assessores financeiros e advogados não estavam chegando a lugar algum. "O meu pai tem muito essa postura de chamar os filhos na hora que a coisa aperta", comenta ela. "Ao longo do processo todo, várias vezes ele convocou o João Paulo, o Pedro Paulo e eu. Então, mesmo quando parei de acompanhar diariamente a negociação, continuei dando apoio a ele."

No dia 10 de junho, Abilio enviou um e-mail a Naouri em que tentava apaziguar os ânimos. A seguir, os principais trechos da longa mensagem:

> [...] *Estou cada vez mais perplexo com sua maneira de agir. Sua atitude de guerra é inconcebível. Eu sempre disse a você que, embora você brigasse com todos os seus sócios, comigo você nunca conseguiria brigar* [...].
>
> *Desde longo tempo, por diversas vezes, apresentei a você a necessidade de estudarmos novas alternativas para fortalecer a companhia e prepará-la para um crescimento muito maior* [...]. *Não preciso lembrá-lo de que os processos negociais sempre foram iniciados por mim e levados a você somente quando as negociações estavam maduras para podermos tomar as decisões* [...].
>
> *Quanto ao momento atual, você sabe há muito tempo que considero a possibilidade de uma associação com o Carrefour como uma grande oportunidade.*

> *Você sabe muito bem que eu pessoalmente corri toda a Europa conhecendo a operação dos principais* players *e contratei consultores para estudar o que fazer com o formato hipermercados para torná-lo lucrativo* [...].
>
> *Apesar disso, quando, no dia 22 de maio, o* Journal du Dimanche *publicou na França uma notícia de uma suposta negociação entre o Grupo Pão de Açúcar e o Carrefour, em vez de me ligar e indagar sobre a matéria, você enviou a mim e à companhia uma dura notificação. Mesmo após nossa resposta, você nem sequer tentou uma conversa prévia e abriu contra mim e contra minha família uma campanha difamatória pela imprensa e um processo de arbitragem* [...].
>
> *Acho que é o momento de retomarmos o bom senso. Empresários não brigam, negociam* [...].
>
> *Jean-Charles, espero com este e-mail restabelecer com você o caminho normal e eficiente de comunicação franca e serena que deve existir entre empresários e homens de bem, e que possamos rapidamente superar todas as dificuldades criadas* [...].

O presidente do Casino respondeu em 13 de junho, também por e-mail:

> [...] *Há dois anos você me disse que gostaria de renegociar nossos contratos. De forma construtiva, disse a você que eu evidentemente estaria aberto a negociações, desde que não atingissem o exercício do controle previsto para 2012. Em um primeiro momento, sem ser muito específico, você me indicou, no decorrer das reuniões, que se tratava, essencialmente, de uma questão de* "face saving"*, que para você seria importante tendo em vista sua posição de destaque no Brasil. Eu lhe disse que, nessa perspectiva, seria bem receptivo.*
>
> *Há um ano, em São Paulo, em uma reunião de que sempre me lembrarei, você me indicou finalmente que não se tratava apenas de uma questão de* "face saving"*, mas que você, de fato, queria manter o* status quo *(cocontrole)*

e que o Casino abrisse mão do controle em 2012. Você me disse: é certo que os contratos foram assinados, é certo que seus termos eram claros, mas que "as coisas mudaram", que você se sentia em plena forma e "me faria ganhar muito dinheiro" [...].

Eu lhe disse que seria difícil aceitar isso após haver esperado por mais de doze anos e investido mais de 2 bilhões de dólares! [...].

Em nossa última reunião em Paris, em 15 de abril, após a reunião do conselho do Casino, você me disse que, como eu havia "fechado todas as portas", não lhe restava outra alternativa a não ser brigar [...].

Ao negociar dissimuladamente com o Carrefour você não respeitou o espírito nem a letra dos nossos contratos. Diante dessas condições, eu não tenho o direito de ser passivo ou permanecer inerte. Tenho a obrigação de tomar medidas de legítima defesa no interesse do gpa e de todos os acionistas (incluindo o Casino) [...].

Evidente que estou aberto a qualquer conversa e não me negarei a falar com você, ainda que esteja legítimamente surpreso por você ter esperado até 10 de junho para sugerir esse diálogo, quase dois meses depois da nossa última reunião de 15 de abril, ocasião em que, para uma pergunta clara (se existe alguma negociação em curso, qual é?), você respondeu de forma clara (Não tenho nada para lhe contar) [...].

Basta ler a correspondência entre os dois para perceber que o dano estava irremediavelmente causado. Naouri perdera a confiança em Abilio. O empresário brasileiro se ressentia do fato de o sócio francês não aceitar ao menos ouvir sua proposta. Em ambos os e-mails o tom é de acusação, rancor e decepção — ainda que temperados por um discurso sem dúvida submetido ao crivo de advogados em busca de uma conciliação. Seria possível recuperar uma sociedade assim?

O clima de desconfiança era tamanho que no início de junho o Casino solicitou ao Tribunal de Comércio de Nanterre, situado nos arredores de Paris, a apreensão na sede do Carrefour de documentos que confirmassem as negociações entre a varejista francesa e o Pão de Açúcar. No dia 24 de junho, o mesmo tribunal decidiu que 22 dos 150 documentos apreendidos estavam diretamente ligados às discussões entre Carrefour, Abilio Diniz e Estáter.

A briga ganhava agora contornos policialescos, em que não faltavam acusações até mesmo de espionagem de ambas as partes. Por isso, à medida que a temperatura esquentava, os cuidados com a circulação de informações aumentavam. No Casino, executivos e assessores foram orientados a evitar e-mails e a se comunicar apenas por serviços de mensagem instantânea (como o BBM do BlackBerry, por exemplo). Com o tempo, a rede francesa adotou outros procedimentos. "Antes de realizar as reuniões no Brasil, que em geral aconteciam nos hotéis Fasano ou Emiliano, fazia-se uma varredura na sala, em busca de eventuais grampos. Nessa questão de segurança havia uma paranoia absoluta", conta uma pessoa que acompanhou o processo. Pelo lado de Abilio, não era diferente. "Teve de tudo: grampo, gente sendo seguida e até 'espiões' que ficavam de olho nos escritórios envolvidos no negócio para acompanhar quem entrava e quem saía", diz um dos assessores. Nenhuma prova de que houve realmente espionagem veio à tona.

Em 27 de junho, pouco mais de um mês depois do vazamento das negociações entre Pão de Açúcar e Carrefour, a varejista francesa recebeu uma proposta da Gama, empresa criada pelo BTG Pactual para servir como veículo da aquisição protagonizada por Abilio Diniz. Em linhas gerais, a complexa proposta previa que as operações do Carrefour Brasil e do Pão de Açúcar fossem combinadas, o que criaria um gigante que deteria 32% do varejo brasileiro — o segundo colocado, Walmart, ficaria com 11%.

A empresa resultante dessa megafusão seria cocontrolada pelo Carrefour (França) e por uma holding chamada NPA (Nova Pão de Açúcar). Criada para funcionar como uma *true corporation,* com controle disperso na Bolsa, a NPA teria apenas ações ordinárias. Integrariam a NPA os então controladores da CBD (Pão de Açúcar) — família Diniz e Casino —, a BNDESPAR, que realizaria um aporte de 3,9 bilhões de reais (e deteria 17,99% do capital) e o BTG Pactual, que entraria com 690 milhões de reais (e teria 3,17%). O ingresso dos dois bancos no bloco de controle da NPA diluiria a participação da família Diniz e do Casino na empresa. No caso dos Diniz, o percentual cairia de 21,4%

para 16,9%. No do Casino, de 33,7% para 27,3%. (Os minoritários da CBD, que também seriam obrigados a migrar para a NPA, teriam sua fatia reduzida de 44,9% para 34,7% do capital.) Um detalhe importante: a proposta previa a limitação do número de votos de cada acionista a 15% do capital. Em outras palavras, Casino e Abilio Diniz teriam poderes iguais nessa nova empresa — e Naouri perderia o direito ao controle que assumiria em 2012.

Para equilibrar as participações entre todos os envolvidos, a operação exigiria uma série de aumentos de capital (por meio de emissão de ações) e trocas de ações. Ao final desse intrincado xadrez, a NPA seria dona de metade da operação no Brasil e deteria inicialmente 11,7% do Carrefour na França — o que a tornaria a maior acionista individual da varejista francesa. Em paralelo, a NPA deveria fazer um acordo de acionistas com o Blue Capital, que passaria a segundo maior acionista do Carrefour. O objetivo seria fixar as normas de governança que regeriam a varejista depois da entrada da NPA no bloco de controle. Para vingar, a oferta deveria ser aprovada por Pão de Açúcar, Carrefour e Casino.

Nem nas previsões mais pessimistas Abilio Diniz e sua equipe conseguiram antever o massacre que se seguiria. Para a opinião pública, o discurso de criar uma grande multinacional verde-amarela simplesmente não colava. A percepção era de que o empresário brasileiro estava manobrando para não entregar o controle da companhia que vendera anos antes. E, pior, o dinheiro do BNDESPAR seria usado para resolver essa questão societária.

O Casino partiu para o ataque. Jean-Charles Naouri, até então uma figura quase desconhecida no Brasil, protagonizou uma maratona de visitas a algumas das pessoas mais influentes do país. Segundo testemunhas que acompanharam essa movimentação, ele teria se encontrado com empresários como Joseph Safra (controlador do banco Safra), Roberto Civita (então maior acionista e presidente do conselho de administração do Grupo Abril), os irmãos Marinho (da Rede Globo), Roberto Setúbal e Pedro Moreira Salles (controladores e, respectivamente, diretor-presidente e presidente do conselho de administração do Itaú Unibanco) e Lázaro de Mello Brandão (presidente do conselho de administração do Bradesco).

Em algumas dessas visitas, Naouri teria sido acompanhado pelo advogado Marcelo Trindade. Nos encontros, o francês reforçava que tinha investido no Brasil porque julgava ser um país sério, onde acordos eram respeitados. Aos poucos, disseminou-se pelo mercado a visão de que, se o governo permitisse — e financiasse — o que Abilio pretendia, o país como um todo poderia ter um problema com sua imagem. Frases como "Contrato não pode ser rasgado" e "O Brasil não é a Rússia" começaram a ser ouvidas em conversas sobre o imbróglio.

Dia após dia a impressão de que Abilio tentava driblar o acordo com o Casino se disseminava — e o empresário ficava cada vez mais isolado. "De repente, o Abilio virou a Geni do Brasil", diz um dos membros da equipe que o acompanhou no processo. O empresário, que jamais imaginou o impacto negativo que a entrada do BNDES teria no negócio, estava agora acuado. As divergências entre seus assessores sobre como lidar com essa situação hostil começaram a aparecer.

A pressão de Naouri chegou ao governo. Em 4 de julho, o francês se reuniu com Luciano Coutinho, presidente do BNDES, para expor sua insatisfação com a proposta. Dias depois, o banco anunciou que estava fora do negócio, sob o argumento de que não poderia financiar uma operação em que houvesse divergência entre os sócios. Em 12 de julho, uma reunião do conselho de administração do Casino decidiu, por unanimidade, rejeitar a proposta da Gama — Abilio Diniz, membro do conselho, se absteve de votar. O negócio oficialmente naufragara. Eis como Pércio de Souza avalia a tentativa fracassada de unir Pão de Açúcar e Carrefour:

> *O paradoxo do episódio foi que a transação com o Carrefour tinha méritos empresariais e foi um desafio até então improvável: negociar com LVMH e Colony uma operação que dava protagonismo a uma empresa brasileira na segunda maior varejista mundial. Essa negociação consumiu muita energia: foram mais de vinte viagens para França, Alemanha, Argentina e Inglaterra. Mas fracassou. Não importam os motivos, a transação que coordenávamos falhou na implementação.*
>
> *Muitos me perguntam por que nos envolvemos em uma transação potencialmente polêmica como aquela. Embora nossa proposta de negócio fosse boa para as partes, sabíamos dos riscos. A resposta é que, além de amigo,*

Abilio era um parceiro de negócios já por muitos anos. Não podíamos deixá--lo na mão num período crítico como foi aquele.

Na biografia de Steve Jobs, o escritor Walter Isaacson conta que uma das características da personalidade do fundador da Apple era o "campo de distorção da realidade" — expressão atribuída a Jobs por um de seus funcionários. "O campo de distorção da realidade era uma mistura espantosa de retórica carismática, uma vontade inflexível e um impulso de torcer qualquer fato para se adequar à finalidade em questão", disse o projetista da Apple sobre o chefe.

Ao longo dos anos, Abilio Diniz desenvolveu uma versão particular do "campo de distorção da realidade". Foram em grande medida sua obstinação e persistência que fizeram do Pão de Açúcar uma empresa vencedora, capaz de crescer mais rápido que as rivais estrangeiras. Vários executivos que trabalharam com ele (inclusive alguns que se desentenderam com o empresário) mencionam seu "poder de sedução" e sua capacidade de persuasão.

O carisma e a capacidade de comunicação de Abilio só não funcionaram na disputa com o Casino. Ele sempre acreditou que seria capaz de convencer Jean-Charles Naouri de que o negócio com o Carrefour seria bom para o Pão de Açúcar. Não conseguiu sequer ser ouvido. Abilio chegou a voar para Paris a fim de tentar falar com Naouri. Sem horário agendado, não foi recebido. Em outra ocasião, ao final de uma reunião do conselho de administração do Pão de Açúcar, o empresário brasileiro disse que gostaria de conversar sobre a proposta de associação com o Carrefour, embora o assunto não estivesse na pauta. Naouri imediatamente tirou seu fone de ouvido (as reuniões eram traduzidas para o francês), levantou-se e deixou a sala. Retornou dez minutos depois e Abilio mais uma vez tocou no tema. "O Jean-Charles ficou em pé e disse que aquele assunto não deveria ser discutido. Foi a primeira vez que eu o vi exaltado", conta um dos conselheiros presentes.

Abilio também imaginou que a opinião pública iria aplaudir a iniciativa de criar uma poderosa multinacional brasileira do varejo — e, no entanto, foi trucidado. "Se todos os carros vêm contra, você deve estar na contramão", diz um empresário brasileiro sobre a proposta de fusão engendrada pelo empresário.

Até mesmo algumas pessoas do círculo íntimo de Abilio Diniz escaparam do seu "campo de distorção da realidade". Às 22h59 de 18 de junho de 2011, antes mesmo da formalização da oferta da Gama pelo Carrefour, o banqueiro Candido Bracher, presidente do Itaú BBA, conselheiro do Pão de Açúcar e amigo de longa data do empresário, enviou-lhe o seguinte e-mail:

Caro amigo Abilio,

Estou na fazenda dos meus pais, ajudando-os a receber os antigos sócios austríacos, que estão no Brasil de passagem. A sociedade já há quase dez anos não existe, mas ficou uma relação de amizade e reconhecimento recíproco.

Meus pensamentos, no entanto, não estão aqui. Desde o nosso telefonema de ontem no fim da tarde, não consigo deixar de pensar na situação que você está atravessando e em alguma forma de ajudá-lo.

Penso no que posso dizer para ajudá-lo a enfrentar uma situação que, desde 2005, de alguma forma, você sabia que iria chegar. Sei que me arrisco um pouco ao fazer isto, porque não tenho a alternativa fácil de mudar a realidade objetiva e lhe dizer que há uma solução mágica para desfazer o acordo com o Casino. Mas conto com o seu conhecimento do grande sentimento de amizade e admiração que me liga a você há tanto tempo para entender a minha ousadia de lhe dizer o que talvez, neste momento, não seja o que você gostaria de ouvir.

Você me disse ontem das grandes dificuldades em fechar um acordo com o Carrefour e que, portanto, você estaria desistindo desta alternativa. Vejo um aspecto positivo nisto, Abilio. Eu temo que esta operação com o Carrefour, por melhores que pudessem ser suas projeções econômicas, fosse extremamente danosa para a empresa. Isto porque seus aspectos jurídicos fatalmente conduziriam a um conflito de controladores, através do judiciário, que paralisaria o crescimento da empresa e traria profundo desgaste à sua operação. Seria uma grande injustiça que você, que é o homem que, juntamente com seu pai, construiu a empresa, depois fê-la desenvolver-se, salvou-a na sua grande crise, estruturou com enorme dedicação pessoal a sua profissionalização e, após um novo ciclo de brilhante crescimento e amadurecimento, transformou-a na líder absoluta do seu setor e uma das empresas mais admiradas do Brasil; seria uma injustiça que você viesse a ser conhecido como a pessoa que provocou o impasse jurídico que levou à decadência da empresa. Ontem você também me disse que "nunca trabalharia para o Naouri", mas Abilio, nós, que amamos as empresas para as quais trabalhamos, não trabalhamos para ninguém que não seja a própria empresa! Trabalhamos para o seu crescimento, para o orgulho de todos os que trabalham conosco, trabalhamos para o nosso país. Você pode me perguntar: "E não trabalhamos para os acionistas?". É claro que trabalhamos, mas trabalhamos para os acionistas enquanto uma entidade, uma parte da empresa, não para indivíduos.

Enfim, meu caro amigo, mesmo que você decida que já deu sua cota de dedicação à empresa, tenho certeza de que alguém com a sua saúde, inteligência e energia saberá encontrar várias formas de ser produtivo, ser feliz e fazer felizes as pessoas à sua volta.

Em você decidindo realmente abrir mão desta via do conflito, acho que você pode ainda encaminhar muito bem as coisas na empresa e — se decidir mesmo sair — sair "por cima" e com grande elegância, tendo cumprido brilhantemente o seu papel fundamental na vida do Pão de Açúcar.

De minha parte, Abilio, você só terá justificado ainda mais a admiração que eu lhe tenho.

Com o meu abraço,
Candido

Abilio respondeu à mensagem do banqueiro rapidamente — à 1h19 de 19 de junho. Seu tom deixava claro que não estava disposto a abandonar a briga:

Caro amigo Candido,

Te agradeço muito por suas palavras que, tenho certeza, vêm de seu coração. Agradeço também pelo tempo dedicado a sua elaboração.

Candido, felizmente, para mim, vejo a situação de uma forma bem diferente. Ela não é tão simples assim. Não se trata apenas de um descumprimento de contrato. Candido, eu nunca faria isto, aprendi desde criança que contrato se cumpre, esteja ele escrito ou não. Aprendi com a vida, bem mais tarde, que o amor é superior ao ódio, bem como que o entendimento e a conciliação são o caminho correto, e não a briga, para a solução de problemas. Candido, nunca quis trazer qualquer mal ou prejuízo ao JCN *ou ao Casino. Acredito, porém, que tenho o direito de ser ouvido, de expor meus pontos de vista e, se houver divergências, buscar soluções para elas.* JCN *passou três anos fechando todas as portas e não dando oportunidade para qualquer diálogo. Sempre disse a ele que o mundo tinha mudado, assim como a vida e a empresa. Propus que bastava mantermos o estado atual e convertermos as preferenciais em ordinárias para darmos condições de crescimento ao* GPA*. Candido, descobri nestes onze anos que pessoas sérias só negociam com o* JCN *quando desavisadas. Nunca sequer fui ouvido. Na minha opinião, não se pode tratar um assunto desta magnitude com arrogância e desprezo só porque se tem um contrato. Meu caro amigo, quero te dizer que esteja eu certo ou não, Deus irá iluminar o meu caminho e não permitirei que a empresa sofra, pela segunda vez, por uma briga de acionistas.*

Um abraço grande,
Abilio

À medida que as semanas avançavam, tornava-se evidente para a equipe que assessorava Abilio que o adversário havia sido subestimado. Naouri era um homem frio, inteligente e metódico que já protagonizara outras grandes disputas no passado. Preparou-se para a briga com afinco e, como argumento de defesa, usava basicamente o contrato assinado com o empresário brasileiro. Sobre a situação em que se encontravam, um dos advogados contratados por Abilio, o ex-ministro da Justiça Márcio Thomaz Bastos (falecido em novembro de 2014) teria feito a seguinte analogia a um interlocutor: "Pegamos nossas garruchas, chegamos num lugar escuro, demos uns tiros e saiu toda aquela fumaça. Quando a fumaça baixou, vimos que havia três tanques de guerra do outro lado apontados em nossa direção".

Em setembro de 2011, em meio ao tiroteio com o Casino, Abilio precisou lidar com um problema de saúde. Fazia algum tempo que suas colonoscopias mostravam uma pequena alteração: uma lesão superficial plana. Seu médico, Bernardino Tranchesi, decidiu que em vez de continuar acompanhando o caso, como vinha fazendo, seria melhor submeter Abilio a uma cirurgia. "Estamos falando de uma operação pesada, que retirou 30 centímetros de intestino", conta o empresário.

A cirurgia durou oito horas e meia e foi realizada no hospital Albert Einstein, no bairro do Morumbi, na Zona Sul da capital paulista. Quando deixou o Einstein, dias depois, acompanhado de Geyze, Abilio teve uma ideia. Olhou para a esposa e perguntou: "Vamos passar em frente à sede do Carrefour?". O escritório da varejista francesa ficava localizado a apenas 3 quilômetros do Einstein. Até então, Abilio jamais havia visto o prédio de perto.

Passados pouco mais de três anos, em 22 de dezembro de 2014, ele entraria naquele edifício pela primeira vez — e na condição de um dos maiores acionistas da empresa.

Capítulo 18

Só o boxe salva

O fracasso da tentativa de compra do Carrefour obrigou Abilio e sua equipe a discutir com o Casino outras opções para o futuro do Pão de Açúcar. Em setembro de 2011, as negociações para encontrar um caminho tiveram início. Representando Abilio, mais uma vez Pércio de Souza havia sido escalado. O Casino contratara o banqueiro Ricardo Lacerda, da BR Partners. Os dois corriam contra o tempo. Em nove meses, o Casino se tornaria o legítimo controlador do Pão de Açúcar. Abilio continuaria como acionista — sua participação valia cerca de 4 bilhões de reais à época. A questão que se colocava de pronto era: depois de tanto desgaste, os sócios poderiam conviver sob o mesmo teto? A resposta parecia óbvia.

Entre as alternativas estudadas para a saída de Abilio, a que mais avançou foi a de uma cisão do Pão de Açúcar. A proposta era que os franceses ficassem com todo o varejo de alimentos e Abilio com a Via Varejo, que reunia as operações de Ponto Frio e Casas Bahia. Quando os Klein souberam da possibilidade, armaram-se até os dentes para derrubá-la. O desentendimento com Abilio ainda estava muito fresco na memória. Paralelamente, Abilio e Casino não chegaram a um denominador comum em relação aos números do negócio. Para o Casino, o modelo proposto pelo brasileiro depreciava a Via Varejo. Mais uma tentativa de solucionar o problema ia para o brejo.

Como não conseguiam encontrar uma fórmula de divórcio, em fevereiro de 2012, por sugestão de Naouri, os sócios passaram a estudar uma reconciliação. Durante cerca de um mês, liderados pela advogada Renata Catelan, os assessores de Abilio definiram os pontos de uma nova arquitetura societária para a CBD.

A proposta apresentada por Renata e seu time — um documento de dezesseis páginas — contemplava, entre outras coisas, a dissolução da holding Wilkes (de modo que os acionistas da Wilkes passassem a deter diretamente ações da CBD) e a conversão da totalidade das ações preferenciais da CBD em ações ordinárias (à razão de 1 para 1).

As sugestões mais difíceis para o Casino digerir referiam-se à governança da companhia. A proposta entregue pela equipe de Abilio pretendia, por exemplo, que o empresário (ou seus herdeiros) tivesse o direito de nomear o presidente do conselho de administração da CBD enquanto fosse titular de 10% do capital da empresa — a regra a partir da transferência do controle era de que haveria um rodízio a cada três anos para nomeação do presidente do conselho, sendo que o Casino teria direito à primeira escolha, e Abilio permaneceria no posto enquanto estivesse apto. Além disso, pleiteava maiores poderes para o presidente do conselho (Abilio), como o papel de "elo" entre a diretoria da CBD e o conselho. Propunha ainda que Abilio e seus herdeiros tivessem o direito de indicar cinco membros para o conselho de administração — contra três previstos para depois da troca de controle. Por fim, pleiteava que a lista tríplice com possíveis nomes para ocupar o posto de CEO do Pão de Açúcar fosse formulada por Abilio (ao Casino caberia escolher um dos três candidatos) — exatamente o oposto do que previa o acordo de acionistas para depois do dia 22 de junho de 2012. Pércio de Souza, que julgava excessivos os pedidos incluídos no documento, não participou da negociação para uma eventual reconciliação.

O Casino não gostou do que viu. Para os franceses, Abilio estava pedindo mais direitos do que tinha *antes* da troca de controle. A reunião entre os advogados foi tão tensa que a certa altura Renata Catelan teria tentado colocar panos quentes, dizendo que aquilo era uma *wishlist* (lista de desejos), não uma posição final. Luiz Antonio de Sampaio Campos, do escritório Barbosa, Müssnich & Aragão (BMA), outra banca contratada por Abilio, tentou ser ainda mais diplomático ao mencionar que as duas partes pareciam ter *wishlists* diferentes. Marcelo Trindade, principal advogado pelo lado do Casino, encerrou a discussão da seguinte forma: "Vocês têm uma *wishlist* e nós temos um contrato assinado." A tentativa de reconciliação acabava de escorrer pelo ralo.

No final de março o Casino comunicou que Abilio Diniz não seria reconduzido ao posto de membro do conselho de administração da varejista francesa por conta dos conflitos em curso. (Na mesma ocasião ficou decidido que o francês Philippe Houzé, presidente da Galeries Lafayette, também ficaria fora do conselho. Controladora da varejista Monoprix juntamente com o Casino, a Galeries Lafayette enfrentava então uma dura disputa com seu sócio.)

Sem encontrar um caminho de reconciliação nem uma proposta de divórcio, Abilio não teve outra opção a não ser cumprir o contrato que assinara. Em 22 de junho, passou o controle e a presidência do conselho de administração da Wilkes para Jean-Charles Naouri. Na mesma data, o conselho de administração do Pão de Açúcar foi reconfigurado. Uma das principais mudanças foi a saída de Ana Maria e João Paulo Diniz (pela família permaneceram, além de Abilio, seu filho Pedro Paulo e Geyze).

Jean-Charles Naouri tinha desde o início o objetivo de assumir o controle do Pão de Açúcar em 2012, como lhe dava direito o contrato? Ou o empresário francês adotou essa postura no meio do caminho, depois de se sentir traído pelo sócio, que articulava secretamente uma fusão com o Carrefour? Apenas o próprio Naouri poderia responder a essas questões. Mas não há como negar que o negócio engendrado por Abilio e seus assessores com o Carrefour serviu como o pretexto perfeito para Naouri interromper qualquer possível renegociação do contrato entre os sócios.

Abilio podia argumentar que estava fazendo um excelente trabalho à frente do Pão de Açúcar, podia argumentar que a empresa que entregaria aos franceses mais que triplicara seu valor de mercado desde o acordo firmado em 2005, podia argumentar que uma associação com o Carrefour geraria valor para a varejista brasileira. Tudo isso era verdade. No entanto, para o Casino nada importava. Naouri se apoiou unicamente no contrato assinado. Foi com o acordo de acionistas — e a providencial polêmica gerada pela tentativa de fusão articulada sem seu conhecimento — que o francês construiu sua vitória.

***

Ao longo de sua vida, Abilio Diniz praticou diversos esportes: natação, corrida, squash e tênis, entre outros. Em 2012, com quase 75 anos, voltou-se para uma modalidade que havia escolhido na juventude, o boxe. Foi a forma que encontrou para lidar com o estresse do período que vivia. Duas vezes por semana, vestia as luvas de lutador e desferia *jabs* e cruzados violentos no adversário (normalmente seu professor), como se estivesse numa competição. Em muitas dessas ocasiões, o alvo que Abilio Diniz imaginava como seu *sparring* era o francês Arnaud Strasser, executivo do Casino e representante da rede francesa no conselho de administração do Pão de Açúcar.

Entregar o controle acionário do Pão de Açúcar e a presidência do conselho da Wilkes foi doloroso para Abilio, mas o inferno que ele vivia com o Casino estava longe de acabar. Ainda haveria mútuas cartas de acusação (várias delas tornadas públicas), pedidos de arbitragem (de ambos os lados), notas e reportagens na imprensa em que os sócios se atacavam (em muitos casos como resultado de vazamentos ou informações *off the records*). Nada, no entanto, seria comparável ao campo de batalha em que se transformaram as reuniões do conselho de administração do Pão de Açúcar — e ninguém era tão capaz de desestabilizar Abilio quanto Strasser. "Eu tinha vontade de matar o cara", resume Abilio. "Ele e o Trindade (o *advogado Marcelo Trindade*) me enlouqueciam. Eu ficava revoltado com o que estava acontecendo e não podia reagir." Tirar Abilio do eixo era exatamente o que seus oponentes queriam.

Entre os inúmeros momentos de tensão dessas reuniões, um é exemplar. Por conta do clima cada vez mais hostil, Abilio havia decidido substituir Geyze e Pedro Paulo no conselho de administração. No lugar deles entrariam Claudio Galeazzi e o economista Luiz Fernando Figueiredo, sócio da Mauá Investimentos. O conselho teria uma reunião na véspera da eleição dos novos membros e Abilio achou por bem levar Galeazzi e Figueiredo como ouvintes, para que eles já tomassem pé da situação. Galeazzi lembra da reação de Strasser:

Quando assumi como CEO *do Pão de Açúcar, ele* (Strasser) *me chamava de "my dear Claudio"* (meu querido Claudio). *Pensei no começo que ele gostava de mim. Depois percebi que ele vinha perguntar coisas sobre o Abilio, tudo de forma muito sutil* [...].

No dia dessa reunião, ele simplesmente expulsou a gente da sala. Disse que seriam discutidas coisas sensíveis e que só faríamos parte do conselho no dia seguinte [...].

As coisas não melhoraram depois que comecei a participar do conselho. Em uma das reuniões, ele me perguntou a mesma coisa várias vezes, como se não entendesse a resposta. Como as reuniões eram em português, com tradutores para os estrangeiros, ele se aproveitava disso. Ficava repetindo tudo como se houvesse um problema de tradução. Nesse dia discutimos tanto que no final ele disse: "O seu inglês pelo jeito não vale nada. Você não está entendendo o que eu falei" [...] *Ele realmente conseguiu me tirar do sério, e olha que não sou um cara fácil de tirar* [...].

Uma vez o Abilio levantou para bater nele no conselho. Eu não estava lá, mas me disseram que tiveram que segurar o homem [...]. *Eu entendo perfeitamente, porque dava vontade mesmo de dar porrada.*

Galeazzi renunciou ao conselho quatro meses depois de ocupar o cargo. Para o Casino, que procurava deixar Abilio cada vez mais isolado, o fato de o empresário perder um aliado como esse era motivo de comemoração.

Geyze Diniz costuma acompanhar o marido em algumas de suas palestras e aulas pelo Brasil. Atenta ao que ele diz nesses eventos, em geral faz anotações num caderninho vermelho. São sugestões, críticas e observações sobre o que Abilio falou à plateia. "Eu ainda não fiz um cartão de visita, mas, se eu tivesse um, escreveria que sou conselheira do Abilio. *Coach,* né?", diz ela, em tom de brincadeira.

Ela é hoje provavelmente a pessoa mais influente na vida do empresário — e quem acompanhou mais de perto toda a briga com o Casino. "Esse período regeu 95% da nossa vida, porque era uma nuvem pairando em cima [...]. Ele *(Abilio)* o tempo todo no telefone, com advogados, com o Pércio, com a mídia [...]. A gente nunca conseguia se desligar do assunto", conta. No final de 2012, o clima estava tão tenso que Geyze decidiu proibir as reuniões de trabalho que aconteciam em casa. Para ela, Abilio precisava, pelo menos ali, ficar afastado daquela disputa.

O segundo semestre daquele ano corria pesado para o empresário. Os novos controladores ganharam salas na sede do Pão de Açúcar, destinadas ao uso de Jean-Charles Naouri e Arnaud Strasser, e se imiscuíram cada vez mais na rotina da companhia. O Casino queria inclusive alterar práticas consideradas, até então, intocáveis. Uma delas dizia respeito aos gastos com segurança da família Diniz — historicamente pagos pelo Pão de Açúcar. Uma auditoria contratada pelo Casino levantou que as despesas com as centenas de homens envolvidos na segurança dos Diniz e dos Klein (neste último caso, os valores eram bancados pela Via Varejo) totalizavam 98 milhões de reais ao ano.

O Casino passou a questionar também a política de uso de jatos e helicópteros particulares. Até então, as aeronaves utilizadas por Abilio e executivos do Pão de Açúcar eram de propriedade do clã Diniz — e alugadas para a empresa. O contrato estabelecia que o Pão de Açúcar deveria pagar aos Diniz um valor próximo de 700 mil reais por mês pelo aluguel das aeronaves, independentemente do número de horas de voo.

As antigas regras de segurança e transporte faziam parte do que se chamava "custo Abilio" e sempre foram conhecidas do Casino. Bastou a troca de controle para que os franceses deixassem claro que não concordavam com o costume de bancar despesas particulares dos acionistas. Os Diniz (e também os Klein) tiveram de começar a pagar pela própria segurança. E o contrato do aluguel de aeronaves dos Diniz pelo Pão de Açúcar foi encerrado. "Quando a Dynamo *(gestora de recursos)* e a Tarpon entraram no Pão de Açúcar, lá atrás, a gente achava que a governança precisava ser melhorada, porque não havia distinção clara do que era da empresa e do que era da família", conta Guilherme Affonso Ferreira, que desde 2007 ocupava uma cadeira no conselho da varejista representando os minoritários. "Com o tempo foi ficando mais nítido, mas só depois de o Casino assumir foi que os números se tornaram realmente evidentes."

Ao final da reunião de conselho que sacramentou as mudanças, Affonso Ferreira, que votara pelas novas regras, foi se despedir de Abilio. A conversa foi breve e amarga. "Eu te conheci de outros tempos e hoje você faz parte desse complô para me fritar", disse o empresário.

Dia após dia, Abilio via seu poder esvaziado. Para alguém que passara décadas ditando os rumos do Pão de Açúcar, ter sua autoridade questionada (ou às vezes ignorada) era uma provação. Em nenhuma outra fase de sua vida ele teve que exercitar tanto a humildade — uma característica que sempre gostou de pregar, mas que muitos de seus desafetos dizem não ser o seu forte.

Um dos momentos mais difíceis foi a apresentação do planejamento anual ao Casino, em novembro, em Paris. Era praxe que Abilio acompanhasse o grupo de executivos nesses encontros. Mas, com a mudança do controle, ele não fora convidado pelos franceses. Decidiu que iria mesmo sem convite. Ele conta o que aconteceu:

> *Todo ano se fazia o planejamento estratégico aqui no Brasil e depois se levava o resumo para a França. E todo ano eu saía daqui com os executivos e ia a Paris para participar da reunião. Desta vez, na última hora, veio um aviso para o Enéas (Pestana, então* CEO *do Pão de Açúcar) de que eu não precisava ir. Não é uma questão de precisar! Eu sou o* chairman *dessa companhia, eu sempre acompanhei, eu vou junto. Aí ficou meio saia justa* [...]. *Enéas e o resto da turma não quiseram ir no meu avião. Foram antes e eu segui sozinho. Cheguei a Paris e fui encontrá-los no hotel em que estavam hospedados. Aí o Enéas me deu a notícia de que eles iriam antes de mim, para acertar umas projeções e não sei mais o quê. Avisei que ligaria quando chegasse, para que eles me encontrassem no saguão. Quando telefonei, Enéas disse que não dava pra descer. Perguntei em que sala iria ser a reunião e ele disse que não sabia. Tentei entrar no prédio e me barraram, me fizeram passar na recepção e me identificar. Olha isso, treze anos depois do começo da sociedade, eu tinha que me identificar. Uma senhora desceu para me avisar que minha entrada não estava permitida. Sentei numa cadeira no*

saguão e fiquei lá. Os advogados me disseram para eu esperar ali por uma hora e eu fiquei.

Ser barrado numa reunião para definir o futuro da companhia que erguera foi uma humilhação para Abilio Diniz. A tentativa malsucedida de participar do encontro provocou um racha na já dividida equipe que assessorava o empresário. Enquanto alguns — entre eles, Geyze e Renata Catelan — apoiaram a iniciativa da viagem, outros — como Pércio de Souza — acharam que esse tipo de confronto não levaria a nada. Abilio se sentia desafiado e queria reagir. Era difícil segurá-lo. Pércio fala sobre essas divergências:

Até então nossas posições (Estáter) *vinham sendo antagônicas às de alguns membros da equipe em praticamente todo o processo de negociação com o Casino. Nós defendíamos que Abilio ignorasse as provocações nos conselhos, evitasse responder às cartas públicas e se abstivesse de participar de reuniões para as quais não fosse chamado. Enfim, que focasse apenas em negociar sua saída. Eles defendiam uma posição mais ativa do Abilio e queriam que ele fosse exigente nas demandas ao Casino. Esses embates dificultaram uma linha única de atuação e criaram, naturalmente, um desgaste.*

No final de dezembro de 2012, esgotado e sem esperanças de chegar a um acordo com o sócio, Abilio decidiu abandonar a mesa de negociação. Do lado do Casino, o impasse também começava a provocar mudanças. O advogado Aloysio Meirelles de Miranda Filho, sócio da banca Ulhôa Canto Advogados, foi contratado para reforçar o time francês. Para Jean-Charles Naouri, seus assessores estavam um tanto viciados na briga e era preciso trazer gente nova para lidar com a situação.

Capítulo 19

O fator BRF

O maior motivo de discussão entre Arnaud Strasser e Claudio Galeazzi no conselho de administração do Pão de Açúcar foi a BRF, a gigante de alimentos nascida da fusão de Sadia e Perdigão, que recentemente se tornara alvo de um grande investimento de Abilio Diniz.

Para entender como Abilio chegou à fabricante de alimentos é preciso voltar no tempo. Mais precisamente a 2007, quando um grupo de jovens ambiciosos começou a adquirir ações do Pão de Açúcar. À frente dessa turma estava José Carlos Reis de Magalhães (conhecido como Zeca). Ainda com menos de trinta anos de idade, ele era um dos fundadores da gestora de recursos Tarpon, nascida em 2002. Ex-GP Investimentos, Banco Patrimônio e Semco Ventures, Zeca era considerado um prodígio no mercado. Àquela altura, a Tarpon somava uma carteira de mais de 1 bilhão de reais em investimentos — entre eles, 0,1% da rede varejista da família Diniz.

Foi como investidor que Zeca falou com Abilio pela primeira vez. Naquela época, Claudio Galeazzi (um velho conhecido do jovem gestor desde os tempos da GP Investimentos) se preparava para assumir o posto de CEO do Pão de Açúcar. Zeca gostou do que ouviu do empresário. "Abilio estava preparando a empresa para uma nova fase, que poderia ser muito positiva", conta ele. "Fomos então conhecer lojas, entender mais da operação, e ficamos convictos de que ali havia uma grande oportunidade. Em menos de seis meses viramos um dos maiores acionistas, com 10% de participação."

Foi por sugestão da Tarpon que o conselho de administração ganhou um representante dos minoritários. O nome escolhido foi o do engenheiro Guilherme Affonso Ferreira, conhecido investidor do mercado de capitais. Três anos depois, quando a varejista passou a investir em eletroeletrônicos, com a compra do Ponto Frio e das Casas Bahia, a Tarpon decidiu vender sua participação, por não acreditar no potencial do segmento. O Pão de Açúcar havia dado um bom retorno — algo em torno de 30% ao ano no período —, mas era chegada a hora de focar em outros investimentos. Um dos que mais exigia a atenção da Tarpon era a BRF.

A Sadia fora a primeira tacada da Tarpon, ainda em 2002. Ao longo de anos, a gestora adquiriu ações tanto da companhia quanto de sua principal rival, a Perdigão. Quando a Sadia quase quebrou, depois da crise de 2008, a Tarpon tentou assumir seu controle. Perdeu para a Perdigão, liderada pelo executivo Nildemar Secches, que ocupava a presidência do conselho desde 1994. Surgia então a BRF, uma das raras companhias brasileiras sem dono e com capital pulverizado na Bolsa (entre seus grandes investidores então fundos de pensão como Previ e Petros).

A Tarpon mantinha a intenção de ditar os rumos da empresa. Por isso, levou adiante a política de comprar ações da BRF até 2011, quando assegurou dois assentos no conselho de administração. Um deles foi ocupado pelo próprio Zeca Magalhães e o outro por Pedro Faria, também sócio da gestora. Zeca diz que queria promover transformações na fabricante de alimentos, mas não conseguiu:

> *Durante dois anos tentamos ajudar a companhia, até que percebemos que não dava para modificar nada. Zero. Mais do que uma mudança de estratégia ou de operações, o que a BRF precisava era de uma transformação cultural. Queríamos uma empresa bem mais eficiente, meritocrática e que tivesse pessoas de acordo com o potencial do negócio, mas não conseguimos mover um milímetro para a frente. Tinha um paternalismo muito grande e uma liderança histórica que funcionou bem durante muito tempo, mas que a partir de um certo momento começou a não dar mais certo* [...].

No segundo semestre de 2012, a Tarpon convenceu a Previ da necessidade de uma mudança na empresa. Para que acontecesse, seria inevitável trocar o comando. Eles queriam alguém com postura de dono, que pudesse de fato transformar o jeito da BRF de pensar e fazer negócios. Definir o perfil desejado era fácil. Difícil era encontrar um nome que se encaixasse nele. Até que um dia Philip Reade, sócio da Tarpon, sugeriu para Zeca o nome de Abilio Diniz. No primeiro momento, Zeca levou um susto. Ficou em silêncio, arregalou os olhos e soltou: "Faz um puta sentido!". Sentou em sua mesa e se pôs a redigir um e-mail para o empresário.

Abilio estava longe de ser um nome óbvio. Reade, que não estava diretamente envolvido com os negócios na BRF, conta como chegou a ele:

> *O Abilio tem uma super-reputação como empresário e como gestor. Navega bem no governo como um todo, já foi do Conselho Monetário Nacional lá atrás. E tinha duas coisas importantes que talvez outro cara não agregasse. Uma delas era um conhecimento muito específico de distribuição, algo importante pra burro nesse negócio. A gente está querendo criar uma estratégia de ser menos uma empresa manufatureira e muito mais uma empresa focada no consumidor, em marketing, no canal. Então casava como uma luva. E a segunda coisa, que nos dava muito conforto, era trazer para a sociedade uma pessoa que, além da* expertise *e do trabalho, estivesse alinhada com a gente no capital. O Abilio é um cara de apetite, ia querer fazer o negócio crescer. Parecia perfeito.*

Zeca marcou uma reunião com Abilio para tentar convencê-lo a embarcar na BRF como investidor e presidente do conselho de administração. O empresário estava exausto pelas negociações com o Casino e pela indefinição de seu papel na varejista. Até aquele momento, ele continuava a acreditar que só sairia dali com um pedaço da companhia (e não vendendo todas as suas ações, como aconteceu no final).

Abilio estava psicologicamente abalado e o convite feito pela Tarpon poderia significar um recomeço. Ele adquiriu 3,58% da companhia — uma fatia atualmente avaliada em 1,9 bilhão de reais. "Até então, eu estava trabalhando só com uma agenda negativa, porque a negociação com o Casino não ia sair", conta Abilio. "Aí veio a BRF e eu pude construir uma agenda positiva, vi que ia trabalhar numa coisa legal."

Em abril de 2013, Abilio assumiu a presidência do conselho da BRF — não sem enfrentar algumas polêmicas. Uma delas envolveu o Casino, que via um conflito de interesses no fato de o empresário acumular o mesmo posto na fabricante de alimentos e no Pão de Açúcar (a varejista era responsável por 11% das vendas da BRF). O advogado dos franceses, Marcelo Trindade, chegou a procurar pessoalmente alguns acionistas da BRF — inclusive a Tarpon — para ressaltar que o movimento não era bem-visto pelo Casino. Dessa vez, porém, a estratégia de Jean-Charles Naouri não foi suficiente para bloquear Abilio.

A outra saia justa foi o vazamento na imprensa da insatisfação de alguns acionistas com o trabalho de Nildemar Secches. O executivo, que costuma ser discreto, externou seu desconforto com a situação ao deixar a presidência do conselho de administração da BRF: "Apareceram coisas estranhas, questionamentos de que a empresa não está com dinamismo de crescimento. Ora, a empresa cresceu 26% ao ano, dezoito anos seguidos", declarou ao jornal *Folha de S.Paulo*. "Não precisava ser feito dessa forma. A pessoa não teve a hombridade de falar pessoalmente, isso me magoou." Secches não era o único incomodado. Acionistas como Petros e Décio Silva, presidente da WEG e dono de 3,5% das ações da BRF, também se opuseram à entrada de Abilio.

Ao assumir a presidência do conselho da BRF, Abilio imediatamente colocou em marcha um "plano de cem dias", com o objetivo de identificar os pontos fortes e fracos da companhia. A consultoria Galeazzi & Associados foi contratada para tocar esse processo. Coube a Claudio Galeazzi entrevistar os quarenta executivos mais graduados da empresa. (Era justamente esse trabalho o principal alvo das discussões com Strasser no conselho de administração do Pão de Açúcar.) Uma nova estrutura organizacional seria montada e era preciso definir quem ficaria e quem sairia. Em agosto de 2013, o próprio Galeazzi se tornaria CEO global da empresa, em substituição a José Antonio Fay.

Nas palavras de Abilio à época, a BRF estava "torta". Para "desentortá-la", a receita foi drástica. Em um ano, dois mil funcionários foram demitidos, incluindo dez dos doze vice-presidentes (dezenas de executivos acabaram nos quadros da concorrente JBS). A divisão de carne bovina foi vendida para o frigorífico Minerva. Meses depois, por 1,8 bilhão de reais, a Lactalis comprou a divisão de lácteos da BRF, dona das marcas Batavo e Elegê.

A movimentação era acompanhada de perto pelo empresário. Embora não tivesse sala na sede da BRF, ele estava sempre presente, participando de reuniões semanais com os principais executivos. Obviamente, seu papel era menos intervencionista do que no Pão de Açúcar. "Eu tenho uma técnica de usar duas bolinhas de tênis em reuniões com muitas pessoas. A regra é que só fala quem estiver com a bolinha na mão, porque assim todo mundo tem a chance de terminar o raciocínio sem ser interrompido", diz Galeazzi. "No Pão de Açúcar, o Abilio era o dono do campo de futebol, da bola, do juiz e do apito do juiz, então volta e meia jogava essa técnica pela janela. Mas na BRF isso funcionava muito bem."

Ao mesmo tempo que fazia ajustes no Brasil, a BRF buscava ganhar mercado no exterior. De acordo com a visão que começava a se espraiar, embora já estivesse presente em 140 países, a companhia poderia multiplicar suas receitas no exterior e atuar mais como uma multinacional do que como uma exportadora de alimentos. A missão de avançar lá fora foi dada ao mineiro Pedro Faria, sócio da Tarpon que se tornou presidente internacional da fabricante de alimentos.

Abilio sempre gostou de se cercar de gente jovem. No Pão de Açúcar envolvia-se pessoalmente na seleção de *trainees* — e exigia que todos os executivos sêniores também se empenhassem. "É raríssimo um presidente participar do processo seletivo", comenta Sofia Esteves, fundadora da Cia de Talentos e responsável pelo programa de *trainees* de algumas das maiores companhias do país. Por alguns anos, Sofia coordenou o processo do Pão de Açúcar. "Em geral, o presidente faz apenas um discurso de boas-vindas para os selecionados. Conhecer os candidatos e participar da escolha, como o Abilio fazia, é mais raro."

Na Tarpon, um lugar repleto de jovens ambiciosos, Abilio se sentia em casa. O empresário desenvolveu uma empatia quase imediata com Pedro Faria. Suas interações iniciais se deram por videoconferência, já que Pedro morava na França. Abilio gostou tanto do estilo do rapaz que sugeriu seu nome para presidir globalmente a companhia — os demais acionistas se opuseram, argumentando que lhe faltava experiência para tocar uma empresa daquele tamanho e complexidade. Os acionistas concordaram que Faria ficasse responsável pela área internacional e Galeazzi fosse o presidente global.

Graduado em administração de empresas pela Fundação Getulio Vargas, em São Paulo, e com MBA pela Universidade de Chicago, Pedro jamais havia gerido uma operação como aquela. A diferença de escala entre a Tarpon, a que estava habituado, e a BRF era brutal. Na gestora de recursos, Faria trabalhava com cerca de quarenta pessoas; na área internacional da BRF contaria com quase cinco mil. Ele tratou então de conhecer todos os escritórios espalhados pelo mundo, as fábricas, os principais executivos e os maiores clientes. Em muitas dessas viagens esteve acompanhado de Abilio. "Essa convivência tem vários aprendizados incríveis, mas o que me surpreende é a intensidade dele, essa vontade de jogar para ganhar. Naturalmente isso coloca todo mundo no mesmo estado de espírito", afirma Pedro. Depois do diagnóstico, começaram as mudanças. Pedro demitiu executivos, fechou escritórios improdutivos, comprou participações em empresas do Oriente Médio, concentrou esforços na venda de produtos de maior valor, renegociou contratos de frete.

As transformações a que a BRF foi submetida — dentro e fora do Brasil — deram resultado. O lucro da companhia saltou de 700 milhões de reais em 2012 para 2,2 bilhões de reais em 2014. No mesmo período, seu valor de mercado cresceu de 37 bilhões de reais para 55 bilhões de reais. Em janeiro de 2015, Pedro Faria, o candidato de Abilio, tornou-se CEO global da BRF, substituindo Claudio Galeazzi.

Abilio estava empolgado com as possibilidades da BRF, mas a disputa com o Casino se mantinha acirrada. Parecia que nenhum dos sócios sabia como sair daquele imbróglio. Foi quando Geyze Diniz teve a ideia de contratar o americano William Ury, um especialista em negociação. Abilio marcou uma reunião com Pércio de Souza e sua esposa e sócia, Eleonora, na Estáter. Geyze fez questão de acompanhar o marido. Ela conta:

> *Abilio e Pércio sempre tiveram uma dinâmica muito particular e que funcionou muito bem durante anos. Era um momento de várias aquisições, de*

uma agenda positiva. Abilio confia muito nele e um instiga o outro. Mas na hora da crise não funcionou. O ponto é o seguinte: o Pércio não era a pessoa que o Casino queria, e o Abilio bancou. Essa foi uma falha nossa também [...]. Claro que, em litígio, cada um escolhe quem vai ser o seu representante, mas eu acho que no mundo ideal os dois lados têm que gostar das pessoas que estão negociando, já que elas vão trabalhar juntas [...].

[...] E eu acho que o Pércio foi passando muito dos limites porque queria fechar o negócio. Ele estava quase dizendo "Abilio, dá tudo logo, assina de uma vez e resolve esse assunto" [...]. Então eu quis ir junto à reunião porque queria ter certeza de que aquele ciclo seria encerrado.

Ury chegou com uma abordagem diferente, uma "proposta de paz", como gostava de dizer. Convenceu Abilio de que, para conseguir o que queria, teria que abrir mão de alguns dogmas, como o prédio da sede do Pão de Açúcar (enquanto Pércio esteve à frente das negociações, o empresário manteve-se irredutível nesse ponto). O americano também lidou com um interlocutor diferente — o banqueiro Ricardo Lacerda, da BR Partners, cedeu lugar ao americano David de Rothschild. A seu favor, Ury tinha ainda a proximidade da arbitragem, marcada para setembro, um processo que deixaria expostas todas as entranhas daquela disputa sangrenta — e que tinha potencial para macular a imagem de todos os envolvidos.

Enquanto não vinha o desfecho, ambos os lados continuavam armados. A última reunião do conselho de administração do Pão de Açúcar antes do acordo entre os sócios, em 29 de agosto de 2013, durou mais de cinco horas e teve um bocado de bate-boca. O Casino havia preparado um documento que orientava o posicionamento de seus representantes no conselho e do CEO Enéas Pestana em relação a cada ponto mais sensível.

No item sobre encerramento de contratos de prestadores de serviço, por exemplo, recomendava que Pestana dissesse, entre outras coisas, que "a decisão de aumentar a diversificação de escritórios de advocacia [...] foi entendida pelo corpo executivo como uma medida correta a ser tomada" (até então os serviços jurídicos estavam muito concentrados em escritórios próximos a Abilio, como Mattos Filho e Sergio Bermudes). Caso Abilio perguntasse se a decisão fora tomada pelo Casino, Pestana deveria dizer que "o *management* interage com o acionista controlador — o que é normal —, mas a decisão foi tomada pelo *management*".

Outro ponto a ser debatido era a aprovação da venda do Audax, time de futebol criado por Abilio e pertencente ao Pão de Açúcar. Pestana deveria dizer que era favorável à venda do clube, para que o GPA pudesse se concentrar nas suas atividades como varejista. "AS *(Arnaud Strasser)* deve apoiar as conclusões de EP *(Enéas Pestana)*", determinava o roteiro preparado pelo Casino. As discussões eram tão acaloradas que a certa altura o advogado Modesto Carvalhosa, que recentemente assumira uma vaga no conselho (no lugar de Claudio Galeazzi), virou-se para Strasser e disse: "O senhor não se dirija mais a mim. O senhor é sórdido".

Abilio se sentia traído por amigos como Guilherme Affonso Ferreira, que costumava acompanhá-lo nas votações do conselho do Pão de Açúcar, e por executivos como Enéas Pestana, que agora obedecia a ordens do novo controlador. Pestana estava bem no meio do fogo cruzado. Argumentava que seu trabalho era comandar a companhia, não se meter em disputa de acionistas. Sob esse ponto de vista, seu desempenho foi exemplar. Mesmo com os sócios se digladiando, o resultado do Pão de Açúcar não foi afetado. Entre 2011 e 2013, o lucro líquido da varejista quase dobrou, alcançando 1,4 bilhão de reais. Estima-se que, em 2014, quando deixou a empresa, Pestana tenha recebido um bônus de 50 milhões de reais.

Na última plenária da qual participou, Abilio deixou claro seu descontentamento com a postura de alguns executivos. "Ele deu a entender que quem continuasse ali, trabalhando para os franceses, era traidor; quem estava indo embora era herói", conta um dos presentes à reunião. Para Abilio, ninguém exemplificava melhor a atitude correta a ser tomada naquelas circunstâncias do que Antonio Ramatis.

Em novembro de 2012, Ramatis havia deixado o posto de vice-presidente de estratégia comercial do Pão de Açúcar para se tornar presidente da Via Varejo. Seis meses depois, renunciou ao cargo. Em carta enviada ao conselho de administração do Pão de Açúcar, Ramatis explicava que uma das razões de sua saída era o fato de não concordar com orientações dadas pelo Casino (pouco tempo depois, ele foi contratado pela Península). Aquela seria a última plenária da história do Pão de Açúcar. Abilio se desligaria da empresa pouco depois e Enéas Pestana acabaria com as tradicionais reuniões das manhãs de segunda-feira.

No dia 6 de setembro de 2013, após mais de dois anos do início de uma briga que custou cerca de 500 milhões de reais aos sócios, Abilio Diniz e Jean-Charles Naouri finalmente encerraram a disputa. Na segunda-feira, 9 de setembro, Abilio subiria ao palco do auditório da sede do Pão de Açúcar pela última vez. Vestia calça cinza escura e camisa branca com as mangas arregaçadas. "Com tudo o que saiu na imprensa, vocês sabem o que eu vim fazer aqui [...]. Sem nenhuma alusão aos nossos amigos franceses, eu não podia fazer uma saída à francesa, sem me despedir [...]". Abilio falou durante 25 minutos. Ao final foi aplaudido de pé por toda a plateia. O Pão de Açúcar chegava ao fim de uma era.

O encerramento das plenárias não foi a única medida que se encarregou de apagar a herança de Abilio. O Espaço Memória (onde eram guardados os troféus e prêmios do Pão de Açúcar e do empresário) foi desativado. Os principais executivos deixaram de ocupar um ambiente compartilhado e passaram a ter escritórios individuais. A rede desistiu das lojas 24 horas (uma ideia sempre defendida por Abilio). Da antiga cúpula não sobrou quase ninguém.

Sob o comando dos franceses, a Via Varejo abriu seu capital no final de 2013. Foram levantados 2,8 bilhões de reais (o relacionamento entre os Klein e os franceses, porém, continuaria tumultuado mesmo depois da saída de Abilio). Os resultados da CBD na era pós-Abilio ainda inspiram dúvidas nos analistas financeiros. Em 2014, depois da saída de Enéas Pestana, o aumento das vendas foi de 9% (em 2013, o avanço fora de quase 12%). Considerando apenas as lojas abertas há mais de um ano, o aumento foi de 3,5%, bem abaixo da inflação de 6,4% no período. "Os franceses tinham uma estratégia de se tornar mais competitivos nos preços e de manter as margens com mais eficiência operacional. Aparentemente, ainda não conseguiram. Eles estão focados no resultado e no retorno, mas falta atingir a curva de aprendizado da indústria no Brasil", arrisca um analista de um banco de investimentos.

Capítulo 20

Lugar de gente feliz é aqui

Ao deixar o Pão de Açúcar, Abilio mergulhou nas atividades da Península. Ele estava com muito dinheiro no bolso depois de vender todas as suas ações da rede varejista. De acordo com a revista americana Forbes, ele é o nono homem mais rico do Brasil, com uma fortuna estimada em 4,4 bilhões de dólares. Tão importante quanto esse caixa era sua inabalável vontade de construir grandes negócios. "Abilio tem uma energia admirável. Está aí com 78 anos e correndo atrás, pensando grande. Eu acho isso um espetáculo", comenta o amigo Jorge Paulo Lemann.

Abilio já tinha um grande investimento na BRF e ocupava a presidência do conselho de administração da companhia, mas queria reestruturar a Península e prepará-la para voos maiores. Contratou a consultoria McKinsey para ajudá-lo a conhecer os melhores *family offices* (estruturas para administração de fortunas de famílias) do mundo e definir qual seria o papel da holding na nova fase de sua vida.

Desde 2010, quem comandava a Península era o executivo Eduardo Rossi. Paulista, formado em administração de empresas pela Fundação Getulio Vargas e com MBA pela Universidade Columbia, Rossi trabalhara em outro *family office* e nos bancos Patrimônio e JP Morgan. Quando chegou à empresa dos Diniz, a área de investimentos que deveria tocar contava com apenas duas pessoas. Havia mais sessenta funcionários dedicados à administração de tudo o que se referia a outros bens da família, como casas e aeronaves. A recomendação que recebeu foi que as aplicações deveriam ser conservadoras. "Era tanta aversão a risco que havia uma proibição de comprar ações", lembra Rossi. Distante do cotidiano da Península, Abilio mantinha então apenas uma reunião mensal com o CEO.

Os dois começaram a se aproximar em 2011, quando Rossi passou a acompanhar Pércio de Souza nas negociações com o Carrefour. Em geral, ele entrava mudo e saía calado das reuniões. Mas teve a chance de ver de perto os principais lances do processo, aproximar-se dos interlocutores do Carrefour e discutir o andamento do projeto com o chefe.

Acostumado a comandar uma empresa com dezenas de milhares de funcionários, Abilio estranhou a mudança para a Península. "Ele perguntava que *business* era aquele, onde tinha meia dúzia de gatos pingados trabalhando", diz Rossi. Uma vez habituado, começou a pensar nas possibilidades de investimento. O varejo era uma opção óbvia e, apesar de toda a confusão do passado, Abilio não tinha desistido do Carrefour. Ele sempre mantivera contato com os principais acionistas da varejista — no fundo de investimentos Colony seu interlocutor era Nadra Moussalem (responsável pelos investimentos na Europa) e, no grupo de Bernard Arnault, Nicolas Bazire e Nicolas Brunel (homens de confiança de Arnault).

Em 10 de julho de 2012, Abilio e Pércio se encontraram em Paris com o então recém-empossado CEO do Carrefour, Georges Plassat. O executivo estava acompanhado do banqueiro Matthieu Pigasse, do Lazard. Àquela altura, Abilio ainda negociava os termos de sua saída do Pão de Açúcar com Jean-Charles Naouri e uma das possibilidades era a cisão da varejista. A ideia dos brasileiros era que, caso Abilio ficasse com a Via Varejo, a operação nacional do Carrefour e a varejista de eletroeletrônicos pudessem unir forças. Plassat argumentou que preferia negociar com Abilio quando a situação do empresário com o Casino estivesse definida.

O momento chegou em 12 de setembro de 2013, uma semana depois de Abilio assinar o acordo com Naouri. Pércio de Souza marcou um jantar em sua casa. Participaram Georges Plassat, Matthieu Pigasse e Eduardo Rossi.

Plassat retomou o assunto da possibilidade de um negócio no Brasil. Ouviu dos emissários do empresário que ele gostaria de participar do "jogo global".

Dois meses depois, Abilio encontrou-se com Plassat em Paris durante um café da manhã. As conversas avançavam lentamente. Em julho de 2014, eles se reencontraram — dessa vez, o café da manhã aconteceu na casa do empresário brasileiro. Segundo pessoas próximas, o namoro demorou por várias razões. Primeiro, porque, no início de 2014, a Península começou a comprar ações do Carrefour na França — a essa altura sua fatia era de 2,81%. Plassat teria interpretado o movimento como possível prenúncio de um *takeover* hostil. Foi preciso desfazer o mal-estar. Além disso, o Carrefour percebeu que seria difícil levar adiante o processo de IPO da operação brasileira, como planejara em 2013, porque o mercado estava praticamente fechado para aberturas de capital.

Em setembro de 2014, Rossi teve uma conversa em Paris com Vincent Abello, principal executivo da área de fusões e aquisições do Carrefour. Ele perguntou a Abello qual era a preocupação da rede francesa em fazer o negócio e ressaltou que a participação de Abilio seria minoritária. "Não será como no modelo BRF, em que entrou e mudou tudo", explicou. Acrescentou que a Península estava analisando outras oportunidades (as mais próximas eram Walmart e a rede belga Delhaize), mas que o Carrefour era o cavalo que queriam realmente montar.

A conversa surtiu efeito. No dia seguinte, 3 de setembro, Abilio e Rossi teriam uma reunião com Plassat. Em vez de marcar em um hotel ou restaurante, como costumava acontecer, o CEO os convidou para um almoço na sede do Carrefour. Acompanhado de Abello, Plassat deu o sinal verde para que as negociações avançassem. Três meses depois, em 18 de dezembro de 2014, a Península anunciou a compra de 10% da operação brasileira do Carrefour, por 1,8 bilhão de reais. Em junho de 2015, adquiriu mais 2% da companhia, por quase 370 milhões de reais (o contrato inicial garante a Abilio a opção de ampliar sua participação para até 16% num prazo de cinco anos). Para Rossi, a concretização desse negócio é prova da persistência do empresário. "Esse *deal* do Carrefour já estava morto havia um tempão. Se não fosse o Abilio falando o tempo todo que queria fazer, nunca iria sair", afirma o executivo.

Abilio é cuidadoso ao falar do novo sócio:

> *Foi tudo ideia do Plassat, da cabeça dele. E nós achamos que era um bom negócio. Para mim, servia. Dava para entrar e dava para fazer algumas coisas. O que o Plassat me pedia era* "fais doucement" ("faça com delicadeza") [...]. *Ele dizia que nós iríamos atuar juntos e que eu precisava respeitar o time do Brasil. É o que vou fazer* [...]. *Claro que quero contribuir lá na França no futuro, mas o que eu falei para o Plassat é que vou no dia em que ele me convidar.*

O acordo firmado com os franceses assegura a Abilio dois dos onze assentos no conselho de administração da subsidiária brasileira do Carrefour. Seus ocupantes são o próprio Abilio e Eduardo Rossi. O empresário participa também de dois comitês, entre eles, o de gente, do qual é coordenador. Além disso, já indicou dois executivos de sua confiança para a companhia. Desde fevereiro de 2015, Antonio Ramatis, ex-presidente da Via Varejo, ocupa a diretoria comercial do Carrefour, e Sylvia Leão, ex-vice-presidente de marketing da BRF e ex-vice-presidente de gente do Pão de Açúcar, a diretoria de marketing. Antes de assumir as novas funções, os dois foram conhecer as operações na França, na China, em Taiwan, na Espanha e na Itália.

Finalmente, Abilio recomendou a contratação de uma consultoria para elaborar uma radiografia do Carrefour e identificar oportunidades de melhorias. A escolha recaiu sobre a McKinsey. "A consultoria vai trabalhar fundamentalmente na meritocracia. As companhias vencedoras são aquelas que seguem esse modelo", ensina Abilio.

Nessa defesa da meritocracia, Abilio pela primeira vez na carreira transformou funcionários em sócios. Eduardo Rossi e as vice-presidentes da Península Flavia Almeida e Renata Catelan (que se desligou de seu escritório de advocacia) ganharam participação acionária na empresa de investimentos dos Diniz, num recém-implementado programa de *partnership*.

Em abril de 2015, Abilio anunciou o aumento de sua participação no Carrefour S.A., na França, para 5,07% do capital da companhia, tornando-se o quarto maior acionista da varejista — atrás dos grupos franceses Arnault e Motier (da família Moulin) e do fundo de investimento Colony Capital.

Com isso, o Carrefour na França se tornou a maior tacada da Península. Com 10 bilhões de reais em ativos sob gestão, a Península se concentra hoje em quatro grandes investimentos: Carrefour França (3,9 bilhões de reais), BRF (1,9 bilhão de reais), Carrefour Brasil (2,1 bilhões de reais) e o grupo de educação Anima (180 milhões de reais). A ideia é que no futuro a Península, que hoje soma quase cem funcionários (vinte deles na área de investimentos), possa captar também recursos de terceiros.

Quarenta e sete anos depois da viagem que fez a Paris, em 1967, para conhecer Marcel Fournier, cofundador do Carrefour, Abilio finalmente se tornou um sócio relevante da varejista que sempre admirou — primeiro no Brasil e depois na França. Em dezembro de 2014, na coletiva de imprensa sobre o anúncio da compra da participação na operação brasileira, ele disse: "Agora lugar de gente feliz é aqui", numa bem-humorada referência ao slogan do Pão de Açúcar.

Na semana seguinte à aquisição, Abilio surge numa das salas de reunião da Península com um sorriso estampado no rosto. Ele não diz, mas a entrada na rede francesa, além de parecer um bom negócio, tem também sabor de vingança e recomeço. É como se marcasse definitivamente o final de um período turbulento. Poucas horas depois, ele pisaria na sede da subsidiária do Carrefour pela primeira vez, para se encontrar com o CEO da empresa, Charles Desmartis.

A entrevista termina, o gravador é desligado. Resta, no entanto, uma última pergunta. Abilio é indagado se a ideia de citar na coletiva de imprensa o slogan da rede que agora pertence ao Casino lhe ocorrera na hora. De bate-pronto e aos risos, ele responde: "Não, eu já tinha pensado naquilo muitas vezes".

Posfácio

"Despedida é muito chato"

Era final da noite de 18 de fevereiro de 2024 em Portugal, onde eu passava uma temporada, quando fui despertada pelo toque insistente do celular. Atendi já pressentindo más notícias e ouvi a mensagem que temia: "O Abilio morreu".

Eu sabia havia quase um mês que Abilio Diniz estava internado no hospital Albert Einstein, em São Paulo. E que seu estado não era bom. Mesmo assim, fiquei em choque. Havia encontrado com ele cerca de dois meses antes e o vira em ótima forma, sobretudo quando se leva em conta que já somava 87 anos de idade. Continuava magro e forte, mantinha aquela voz grave que silenciava o ambiente. É verdade que já há algum tempo a audição estava comprometida, mas um discreto aparelho nos ouvidos tratava de minimizar o problema. Nessa minha última visão de Abilio, ele continuava a ser o "homem de ferro", como foi descrito no prefácio deste livro, uma espécie de super-herói que "não tem superpoderes presenteados pela natureza ou pelo acaso, mas que constrói a si mesmo".

Catatônica, sentei-me em frente ao notebook para escrever. Era o que eu achava que podia — ou devia — fazer. Mas o que dizer sobre um empresário que já havia sido tema de infindáveis reportagens? Alguém que entrevistei mais de trinta vezes desde o início década de 2000 e cuja trajetória transformei em livro? Haveria algo diferente a falar? Tudo o que me vinha à cabeça estava distante do seu lado empreendedor, conhecido no Brasil inteiro há gerações — e que eu já destrinchei nos vinte capítulos desta obra. Decidi então me concentrar no homem, não no empreendedor. Nas camadas dele que não ficavam sob os holofotes. Nas suas vulnerabilidades. Na sua fome de vida e no modo como encarava a finitude.

Porém, antes, preciso voltar um pouco no tempo.

Em setembro de 2013, quando decidi escrever um livro sobre o Abilio e o procurei, expliquei a ele que, assim como minha obra anterior, esta seria independente. Na prática, isso significava que não teríamos qualquer vínculo e que ele não leria o livro previamente — muito menos teria a oportunidade de fazer qualquer pré-aprovação. O que eu lhe pedia era que me concedesse entrevistas. Não era o formato que o empresário esperava. Abilio estava habituado a se manter no controle de quase tudo, e o que eu propunha era o oposto disso. Ele pediu um tempo para pensar. Dias depois, em uma nova reunião, concordou com o projeto.

Durante mais de um ano, mergulhei em seu universo. Às vésperas da publicação da obra, ele estava ansioso e preocupado. Chegou a me perguntar se haveria partes do livro das quais ele não gostaria. Respondi que sim. Ele ficou nitidamente contrariado e chegou a aumentar o tom de voz na conversa. Mesmo assim, manteve o nosso combinado. A primeira edição deste livro saiu em julho de 2015 e, como eu previra, Abilio discordou de alguns pontos importantes. Um dos principais era como retratei a disputa dele com Jean-Charles Naouri, seu nêmesis que o levou a sair do Pão de Açúcar. A versão que Abilio contava a todos e a si mesmo era que ele fora enganado pelo sócio francês. Para mim, que tive acesso a inúmeros documentos e entrevistei dezenas de pessoas, estava claro que ele havia assinado um contrato e se arrependido anos depois. Abilio não me telefonou ou escreveu para reclamar de nada, mas se distanciou completamente.

Ainda que eu o tenha encontrado em um ou outro evento depois da publicação, foi só quase seis anos depois que nos reaproximamos. Àquela altura, entre diversas outras atividades, ele era a grande atração de um curso de extensão de Liderança e Gestão na Fundação Getulio Vargas, sua *alma mater*, em São Paulo. Certo dia, o coordenador do curso me telefonou para perguntar se eu poderia participar de uma aula. A ideia era que eu conduzisse uma espécie de bate-papo com Abilio que teria duração de uma hora e meia. "O Abilio não fala mais comigo", retruquei de pronto. "Ele está sabendo desse convite?" O professor, que desconhecia esse bastidor, respondeu que falaria com o empresário. Dias depois, me mandou uma mensagem avisando que Abilio havia concordado.

Quando o dia chegou, me peguei ansiosa, sem saber como seria o reencontro. Eu já tinha presenciado várias facetas de Abilio: do gentil ao arrogante, do tranquilo ao mercurial, do carrancudo ao carinhoso. Qual delas eu encontraria?

Assim que ele entrou na sala e veio me dar um abraço, me tranquilizei. Não parecia existir qualquer ressentimento. Mas Abilio, sendo Abilio, não perdeu a oportunidade de me dar uma "cutucada". A certa altura da conversa com os alunos, disse: "A Cris escreveu no livro dela coisas que não aconteceram exatamente daquele jeito, mas tudo bem". Sorrimos e seguimos adiante.

Outras aulas se sucederam àquela. Eu aproveitei cada uma das oportunidades para tentar fazer com que ele revelasse coisas mais íntimas. Em uma ocasião, lhe perguntei se ele preferia ser CEO ou presidente de conselho. Sem titubear, ele respondeu: "CEO. Presidente de conselho não manda nada". Em outro encontro, admitiu que a característica de que menos gostava em si mesmo era a arrogância (a classe caiu na risada). Dois anos depois, quando repeti a pergunta, Abilio ficou em silêncio, pensativo. Eu o lembrei da resposta que havia dado antes. "Eu já fui muito arrogante e você sabe disso, mas acho que deixei isso para trás", declarou. Em um dos bate-papos, ele confessou que seu sonho de juventude era ser um goleiro que defendesse um pênalti em um jogo no Maracanã lotado. Para surpresa geral, certa vez confidenciou que adoraria ter um talento: tocar bateria. E que seus cantores favoritos eram Gilberto Gil ("A música 'Super-homem é sensacional"), Roberto Carlos ("Podem achar cafona, mas eu gosto") e Marisa Monte ("Dos mais novos que ela, eu não conheço nada").

No entanto, a aula mais tocante aconteceu em setembro de 2022. Seu filho, João Paulo, havia falecido no mês anterior (aqui vale dizer que, dois dias após a morte de João Paulo, os professores do curso receberam da coordenação um e-mail avisando que, segundo orientação de Abilio, toda a programação estava mantida). Era inevitável que eu tocasse no assunto. A recordação do filho, que ele dizia ser seu melhor amigo, encheu seus olhos de lágrimas. Ao ver sua dor escancarada em frente aos alunos, lembrei que na língua portuguesa um filho que perde o pai ou mãe é chamado de órfão, mas que não existe palavra para classificar a situação inversa. Como se um pai ou mãe que perdesse a cria fosse algo tão dilacerante e antinatural que não pudesse ser descrito em uma palavra. Pela primeira vez, ao conduzir uma entrevista, chorei.

Logo depois, perguntei a ele como lidava com a passagem do tempo, um recurso que ficava cada vez mais escasso. "Tem um texto que explica muito bem como me sinto em relação a isso. Posso ler?", ele perguntou. Sacou o celular e leu "O valioso tempo dos maduros", cuja autoria é incerta:

> *Contei meus anos e descobri que terei menos tempo para viver daqui para frente do que já vivi até agora. Tenho muito mais passado do que futuro. Sinto-me como aquele menino que recebeu uma bacia de cerejas. As primeiras, ele chupou displicente, mas, percebendo que faltam poucas, rói o caroço. Já não tenho tempo para lidar com mediocridades. Não quero estar em reuniões onde desfilam egos inflamados. Inquieto-me com invejosos tentando destruir quem eles admiram, cobiçando seus lugares, talentos e sorte. Já não tenho tempo para conversas intermináveis, para discutir assuntos inúteis sobre vidas alheias que nem fazem parte da minha. Já não tenho tempo para administrar melindres de pessoas que, apesar da idade cronológica, são imaturas. Meu tempo tornou-se escasso para debater rótulos, quero a essência, minha alma tem pressa. Sem muitas cerejas na bacia, quero viver ao lado de gente humana, muito humana: que sabe rir de seus tropeços, não se encanta com triunfos, não se considera eleita antes da hora, não foge de sua mortalidade, quero caminhar perto de coisas e pessoas de verdade. O essencial faz a vida valer a pena. E para mim, basta o essencial!*

À medida que ele lia, eu pensava como aquela demonstração de vulnerabilidade seria impensável para o Abilio do passado. Os anos, o casamento com Geyze e as mudanças da vida — inclusive os tropeços e as perdas — o haviam suavizado.

Na última aula que fizemos juntos, em novembro de 2023, Abilio continuava malhado, animado, curioso e cheio de planos. Disse que faria um curso sobre inteligência artificial em Harvard no ano seguinte. Contou novidades sobre seu programa de entrevistas na CNN Brasil. Estava praticamente recuperado de uma cirurgia no joelho e passou a aula toda em pé diante dos alunos (enquanto eu estava desesperada para sentar, ele seguia firme). Era um homem muito mais calmo do que aquele que eu conhecera mais de duas décadas antes. O Abilio dos últimos anos parecia um homem muito mais feliz e realizado do que o antigo todo-poderoso "Rei do Varejo". Brincando, ele disse que quando partisse poderiam escrever em sua lápide: "Estou aqui, mas contra a minha vontade". No final de 2024, visitei seu túmulo, em um cemitério na Zona Oeste de São Paulo, mas, claro, a frase não está inscrita lá.

Abilio detestava três coisas na vida: cebola, relógio e despedida. "Despedida é uma tristeza. Eu gosto é do começo. Eu gosto do nascer do sol e não do crepúsculo", disse em uma de nossas aulas. Para tocar em sua despedida final escolheu a canção "O que é, o que é", de Gonzaguinha, uma de suas favoritas, sobretudo pelo refrão "Viver e não ter a vergonha de ser feliz/ Cantar e cantar e cantar a beleza de ser um eterno aprendiz...".

Abilio saiu de cena fiel a suas convicções: "Ser feliz, aprender, compartilhar. Esse é meu propósito", costumava dizer.

Talvez esse seja seu maior legado.

Uma versão resumida desse posfácio foi publicada no Brazil Journal *em 19 de fevereiro de 2024.*

Agradecimentos

Este livro começou a ser gestado no dia 7 de setembro de 2013. Eu estava de férias, na Itália, quando li na internet uma matéria que falava sobre o fim da disputa entre Abilio Diniz e Jean-Charles Naouri. Sempre achei que Abilio seria um personagem fabuloso para um livro, com sua personalidade cheia de nuances e sua trajetória repleta de lances audaciosos (algumas vezes controversos). Com o fim da briga com o sócio francês, concluí que havia chegado o momento de abordá-lo. No mesmo dia lhe enviei um e-mail falando de minha intenção de escrever uma biografia independente, centrada em sua vida empresarial. Ele respondeu em menos de 24 horas. Marcamos uma reunião para logo depois do meu retorno ao Brasil. Era o primeiro passo de uma jornada que levaria praticamente dois anos para ser concluída.

Abilio me concedeu quase uma dezena de entrevistas. Sua esposa, Geyze, e os filhos Ana Maria, João Paulo e Pedro Paulo também me receberam e se dispuseram a elucidar um sem-número de dúvidas que surgiram durante o processo de produção da obra. Agradeço a toda a família. Um livro como este, porém, exigiu a busca de muito mais fontes além do clã Diniz. Foram quase noventa entrevistas com funcionários e ex-funcionários do Pão de Açúcar, fornecedores da rede varejista, consultores, banqueiros, advogados e amigos do empresário. Com alguns cheguei a me encontrar pessoalmente quatro vezes. Muitos deles preferiram manter-se no anonimato. Sem a generosidade e paciência de todas essas pessoas, eu jamais conseguiria cumprir essa tarefa (por razões variadas, nem todas, infelizmente, foram citadas no livro).

Ao longo do caminho tive a ajuda de Mariana Segala, uma talentosa repórter com quem convivi rapidamente no final de meu período como editora-executiva da revista *Exame*. Ela me relembrou como é prazeroso trabalhar com gente competente e dedicada. Além dela, outras pessoas leram a versão final deste livro para dar opiniões e sugestões ou fazer críticas. Estou em dívida eterna com os amigos Hélio Sussekind e Dimitri Abudi, que gastaram horas valiosas do seu tempo "canetando" meu texto e deixando-o mais correto e fluido. Não há como agradecê-los o suficiente. (Um recado aos dois: preparem-se para repetir a dose no próximo livro.)

O *publisher* da primeira edição desta obra, Marcos da Veiga Pereira, com quem tive o prazer de trabalhar pela segunda vez, foi de novo um *gentleman*. Ele me deu todas as condições para que eu produzisse o livro da maneira que julgava mais pertinente, foi paciente com meu atraso na entrega do texto e valioso na edição. Como ele costuma dizer: "Que alegria!".

José Salibi Neto, amigo de vários anos, profundo conhecedor do cenário empresarial brasileiro e cofundador da HSM, deu-me a honra de escrever o prefácio. Comparar Abilio ao Homem de Ferro, talvez o mais humano dos super-heróis, foi, na minha opinião, uma ideia de craque.

Minha vida teria menos cor, ritmo e boas histórias se não fossem os amigos que me cercam. Quero agradecer especialmente a Flavio Ribeiro de Castro, Camila Guimarães, Aline Sordili, Alexandre Moreno, Adriane Ahlers, Myrian Vallone, Luciana Vedovato, Débora Fortes, Ana Paula Pedroso, Roberto Dias, Louise Faleiros, Ricardo Garrido, Edson Bottura, Douglas Santos, Patricia Hargreaves, Vicky Constantinesco, Juliana Nogueira Passos e Saulo Passos. Cada um de vocês sabe exatamente o que fez por mim.

Meu irmão, Ricardo, me ajudou a manter a sanidade e o foco com nossos jogos dominicais de tênis — ainda que eu tenha perdido rigorosamente todas as partidas. Valeu, *brother*. Finalmente, agradeço a meus pais, Edinézia e Domingos. Eu não faria nada sem vocês.

Bibliografia

"ABILIO, um veloz fim de semana". *Jornal da Tarde,* 4 set. 1970.

"ACIONISTAS do Pão de Açúcar votam acordo". *Folha de S.Paulo,* 1º fev. 1994.

"AGORA tudo vai ser diferente". *Exame,* 24 ago. 1988.

AGUIAR, Danilo Rolim Dias de. "Concentração do mercado varejista alimentar brasileiro". [Apresentação oral] Sorocaba: UFSCar.

"A METAMORFOSE de Lucilia Diniz". *Veja São Paulo,* 20 fev. 2002.

"A PEDRA final". *Veja,* 25 maio. 1988.

ARCARY, Valério. "A última revolução social anticapitalista do século XX: Portugal 1974/75". In: VII Colóquio Internacional Marx Engels, São Paulo, 24-27 jul. 2012. Anais (on-line), São Paulo, CEMARX, Universidade Estadual de Campinas, 2012.

BAGLEY, Julie. "Inside Wal-Mart's Saturday Morning Meeting". *The City Wire.Com,* 19 jul. 2012.

BANCO CENTRAL DO BRASIL. *Finanças Públicas: Sumário dos Planos Brasileiros de Estabilização e Glossário de Instrumentos e Normas Relacionados à Política Econômico-Financeira.* Brasília: Banco Central do Brasil, 2008.

BARCELOS, Caco. "A escola do poder". *Senhor,* 24 mar. 1980.

BARELLI, Suzana. "Carrefour compra 50% do Eldorado". [Dinheiro] *Folha de S.Paulo,* 16 dez. 1997.

BASILE, Juliano. "Pão de Açúcar informa mudanças ao Cade". *Valor Econômico,* 8 jul. 2010.

BAUTZER, Tatiana. "O grande teste de Abilio". *Exame,* 16 abr. 2014.

BIBLIOTECA DA PRESIDÊNCIA DA REPÚBLICA. "Balanço dos primeiros 30 dias do Plano Verão". Brasília: Biblioteca da Presidência da República, 15 fev. 1989.

BLECHER, Nelson. "A ditadura do varejo". *Exame,* 12 jun. 2002.

BLECHER, Nelson. "Como Abilio manteve seu poder". *Exame,* 25 maio. 2005.

BLECHER, Nelson. "O maior usineiro do mundo". *Exame,* 16 jun. 2005.

BM&FBOVESPA. "Apresentação da Diretoria Executiva de Desenvolvimento e Fomento de Negócios". BM&FBOVESPA, 2010.

BREITINGER, Jacqueline. "Chocolate amargo". *Exame,* 1° dez. 1998.

"BRIGA familiar dos Diniz chega à justiça". *O Estado de S.Paulo,* 3 fev. 1993.

CAFARDO, Pedro. "Acusação foi política, afirma Diniz". *O Estado de S.Paulo,* 12 fev. 1989.

CAMPOS, Ivan Carneiro de; MACEDO, Marcelo Álvaro da Silva; FERREIRA, Marcelo Sales. "Análise do ambiente competitivo do varejo supermercadista no Brasil". In: Encontro Nacional de Engenharia de Produção, Fortaleza, 2009. Anais (on-line). Enegep, Fortaleza.

CARDOSO, Rodrigo. "Crime emergente". *Veja,* 24 mar. 1999.

CASTANHEIRA, Joaquim. "Revelações de Ana Maria". *IstoÉ Dinheiro,* 26 fev. 2003.

"CONFLITO entre herdeiros é comum". *Folha de S.Paulo,* 7 fev. 1994.

CORREA, Cristiane. "A dama do metamanagement". *Exame,* 7 fev. 2003.

CORREA, Cristiane. "As voltas que o mundo dá". *Exame,* edição 731, 2001.

CORREA, Cristiane. "E agora?". *Exame,* 7 mar. 2001.

CORREA, Cristiane. "O maratonista e o chocólatra". *Exame,* 9 mar. 2006.

CORREA, Cristiane. "O menino da Zona Leste". *Exame,* 9 jan. 2003.

CORREA, Cristiane; CARVALHO, Denise. "Garotos do Bilhão". *Exame,* 19 out. 2006.

COSTA, Fernando Nogueira da; BRITO, José Valney de; DEOS, Simone Silva de. "Meta inflacionária, juros e preços no varejo brasileiro". IE/Unicamp, n. 82, jul. 1999.

COSTA, Melina; CARVALHO, Denise; LETHBRIDGE, Tiago. "Até onde ele vai". *Exame,* 16 dez. 2009.

DANESHKHU, Scheherazade. "Retail Chief Still Hungers for Challenge". *Financial Times,* 1º abr. 2012.

D'ERCOLE, Ronaldo. "Questionamento da Bovespa provocou antecipação da fusão de Pão de Açúcar e Casas Bahia". *O Globo,* 4 dez. 2009.

"DINIZ é libertado após 36 horas de negociação". *O Globo,* 18 dez. 1989.

"DINIZ explica por que esperava demissão do CMN". *Jornal da Tarde,* 10 abr. 1984.

"DINIZ, indiciado, responsabiliza governo". O *Estado de S.Paulo,* 2 fev. 1989.

FERNANDES, Daniela. "Na França, Casino ganha munição contra Abilio Diniz". *Valor Econômico,* 27 jun. 2011.

FERNANDES, Fátima; GRINBAUM, Ricardo. "Comptoirs chega ao Brasil". *Folha de S.Paulo,* 2 out. 1998.

FERRAZ, Silvio. "É o fim da festa". *Veja,* 18 abr. 1984.

FINCH, Nigel. "Identifying and Addressing the Causes of Conflict in Family Business". Sydney: University of Sydney Business School, 2005.

FOLHA online. "Alcides Diniz morre aos 63 anos em São Paulo". *Folha de S.Paulo,* 26 jun. 2006.

FREITAS, Tatiana. "Imprevisibilidade econômica é maior problema do país". *Folha de S.Paulo,* 11 abr. 2013.

FREIXO, Adriano de. "Repercussões da Revolução dos Cravos". In: *Tensões mundiais,* 2010; 5(8): 247-263.

FUNDAÇÃO CARLOS CHAGAS. "Mulheres no Mercado de Trabalho: Grandes números". Banco de dados sobre o trabalho das mulheres. Série 1. [Memória] [Produções]. São Paulo: versão 2007.

GERCHMANN, Léo. "Gerdau empresta R$ 45,3 mi para o próprio haras". *Folha de S.Paulo,* 17 out. 2002.

"GIGANTE Wal-Mart compra lojas do Sonae no Brasil por R$ 1,7 bi". *Folha de S.Paulo,* 4 dez. 2005.

GORDON, Grant; NICHOLSON, Nigel. *Family Wars: Classic Conflicts in Family Business and How to Deal with Them.* Londres; Filadélfia: Kogan Page, 2008.

GUARACY, Thales. "O menino de ouro". *Vip Exame,* abr. 1995.

GUROVITZ, Helio. "O poderoso Wal-Mart". *Exame,* 27 jul. 2005.

ISAACSON, Walter. *Steve Jobs: As verdadeiras lições de liderança.* São Paulo: Companhia das Letras, 2014.

JARDIM, Lauro. "Bolso cheio". *Veja,* 11 jan. 2014.

JARDIM, Lauro. "Novos tempos". *Veja,* 30 nov. 2012.

JARDIM, Lauro. "Stress na lua de mel". *Veja,* 19 dez. 2009.

KROLL, Luisa; DOLAN, Kerry A. "The World's Billionaires". *Forbes,* 2 mar. 2015.

KUPFER, José Paulo. "Cada um faça sua parte". *Veja,* 9 maio. 1979.

LAZZARINI. João Carlos. "A definição do sortimento-profundidade nos supermercados brasileiros: Influência nas vendas e critérios utilizados". USP. São Paulo: USP, 2012.

LETHBRIDGE, Tiago. "A disputa do ano no varejo brasileiro". *Exame,* 4 maio. 2006.

LETHBRIDGE, Tiago. "Casas Bahia e Pão de Açúcar renegociam contrato". *Exame,* 12 abr. 2010.

LETHBRIDGE, Tiago. "O mundo pós-22 de junho para Abilio Diniz". *Exame,* 4 abr. 2012.

LETHBRIDGE, Tiago. "Wal-Mart compra rede brasileira do Sonae por R$ 1,73 bilhão". *Exame,* 14 dez. 2005.

LOUREIRO, Marcelo. "Reação rápida". *Capital Aberto,* 2008.

MAGALHÃES, Thélio de. "Diniz é condenado a 16 meses de prisão e multa de 100 mínimos". *O Estado de S.Paulo,* 2 nov. 1996.

MANO, Cristiane; BAUTZER, Tatiana. "A nova vida de Abilio". *Exame,* 18 set. 2013.

MARCOVITCH, Jacques. *Pioneiros e empreendedores: A saga do desenvolvimento no Brasil,* Volume 2. São Paulo: EDUSP, Saraiva, 2005.

MATTOS, Adriana. "Diniz diz que 'defendeu o Casino' e espera que o Casino faça o mesmo'. *Valor Econômico,* 29 mar. 2012.

MATTOS, Adriana. "Os bastidores do fim da disputa entre Abilio Diniz e Casino". *Valor Econômico,* 9 set. 2013.

MATTOS, Adriana. "Abilio direto ao ponto". *IstoÉ Dinheiro,* 12 jun. 2009.
MATTOS, Adriana. "Os bastidores do fim da disputa entre Abilio Diniz e Casino". *Valor Econômico,* 9 set. 2013.
MATTOS, Adriana. "Pão de Açúcar se associa à rede Sendas". *Folha de S.Paulo,* 9 dez. 2003.

MELHORES E MAIORES. *Exame,* várias edições.

"MEMBRO do CMN critica alta da taxa de juros". *O Estado de S.Paulo,* 22 mar. 1981.

MENDONÇA, José Marcio. "Diniz pede abertura econômica e adverte que o País pode parar". *O Estado de S.Paulo,* 26 dez. 1982.

MENDONÇA, José Marcio. "O jogo mais caro do mundo". *Veja,* 13 nov. 2002.

MEYER, Carolina. "Doeu, mas funcionou". *Exame,* 1º maio. 2008.

MEYER, Carolina; JULIBONI, Marcio. "A jogada mais ousada de Abilio". *Exame,* 17 jun. 2009.

MILITELLO, Katia. "Abilio Diniz vai à TV para atacar indústria". *Folha de S.Paulo,* 19 abr. 1994.

"MOMENTO de decisão no império". *Exame,* 23 mar. 1988.

NETZ, Clayton; CASTANHEIRA, Joaquim. "As lições que o abismo traz". *Exame,* 12 abr. 1995.

NICOT, Marie; PECHBERTY, Matthieu. "Négociation brésilienne pour Carrefour". *Le Journal du Dimanche,* 22 maio. 2011.

"O BANDO se rende". *Veja,* 24 dez. 1989.

"O BRASIL em 4 décadas". Ipea, 2010.

OINEGUE, Eduardo. "Chamei Fernanda e ela não respondeu". *Veja,* 8 ago. 2001.

"O PACIFICADOR de empresas". *IstoÉ Dinheiro,* 13 set. 2013.

ORESKOVIC, Alexei; WOHL, Jessica. "Facebook, Wal-Mart Chiefs Meet to 'Deepen' Relationship". *Reuters,* 19 jul. 2012.

"OS DESAFIOS de uma empresa que dobrou de tamanho". *Exame,* 11 ago. 1976.

PADUAN, Roberta. "O tropeço do Sonae". *Exame,* 2 ago. 2004.

"PÃO de Açúcar desiste do Amelia". *Folha de S.Paulo,* 22 nov. 2001.

PETRY, Rodrigo. "Vivi sete dias de luto". *O Estado de S.Paulo,* 16 jun. 2009.

PORRO, Alessandro; DIMENSTEIN, Gilberto. "Correa insiste no afastamento de Diniz". *Veja,* 15 fev. 1989.

"PRESIDENTE do Pão de Açúcar anuncia saída da companhia". *Valor Econômico,* 16 ago. 2005.

Ranking Abras. — Abras Brasil, várias edições.

ROJO, Francisco José Grandis. "Qualidade total: Uma nova era para os supermercados". São Paulo: RAE, 1998; 38(4):26-36. FGV.

SALOMÃO, Alexa. "Minerva compra operação de bovinos da BRF, em acordo de troca de ações". *O Estado de S.Paulo,* 1º nov. 2013.

SANTANA, Larissa. "O dono ainda tem de aprender a dividir". *Exame,* 15 nov. 2007.

SILVEIRA, Fernando Gaiger; SERVO, Luciana Mendes; MENEZES, Tatiane; PIOLA, Sérgio Francisco (orgs.). "Gasto e consumo das famílias brasileiras contemporâneas". Brasília: Ipea, 2007.

SIMONETTI, Eliana. "Roupa suja é apelido". *Veja,* 27 jan. 1993.

SOFIA, Julianna. "Pão de Açúcar toma liderança do Carrefour". *Folha de S.Paulo,* 27 abr. 2001.

SOUSA, Dayanne. "Para analistas, resultado do Pão de Açúcar é 'decepcionante' e 'perturbador'". *O Estado de S.Paulo,* 15 jan. 2015.

"STJ anula julgamento que condenava Abilio Diniz a 16 meses de prisão". *Folha de S.Paulo,* 2000.

STONE, Brad. A *loja de tudo – Jeff Bezos e a era da Amazon.* Rio de Janeiro: Intrínseca, 2014.

"STJ decide remeter de volta ao TRF exame sobre processo contra Abilio Diniz". Superior Tribunal de Justiça, 2000.

SUPERTINO, Gaétan. "Plassat, l'homme fort de Carrefour". *Europe 1,* 31 out. 2012.

"SUPERMARKET Giant Ahold Ousts CEO in Big Accounting Scandal". *Wall Street Journal,* 26 fev. 2003.

"TAMANHO elefante". *Veja,* 2 jun. 1971.

TENDÊNCIAS CONSULTORIA INTEGRADA. *Inflação nas décadas de 80 e 90 e os planos de estabilização.* Tendências Consultoria Integrada, 2007.

TOMAZELA, José Maria. "Queda de avião mata mulher de diretor do Pão de Açúcar". *Agência Estado,* 27 jan. 2010.

"TROCA de cartas". *Veja,* 11 abr. 1984.

"UM clã trincado". *Veja,* 29 abr. 1992.

VALENTI, Graziella. "Em nova fase, Abilio Diniz investe na Brasil Foods". *Valor Econômico,* 7 jan. 2013.

VALENTI, Graziella. "Ex-presidente da Via Varejo acusa Casino de interferir na gestão". *Valor Econômico,* 7 ago. 2013.

VALENTI, Graziella. "Península, de Abilio, já administra R$ 10 bilhões". *Valor Econômico,* 13 out. 2014.

VALENTI, Graziella; ADACHI, Vanessa. "Abilio Diniz igualaria poder ao Casino na nova empresa". *Valor Econômico,* 29 jun. 2011.

VALERI, Amanda. "Abras: Carrefour volta à liderança do setor no Brasil". *O Estado de S.Paulo,* 8 mar. 2008.

VARELA, Raquel; PAÇO, Antônio Simões do; ALCÂNTARA, Joana. "O controlo operário na Revolução Portuguesa 1974-1975". *Marx e o Marxismo,* 2014; v. 2 (n. 2):, jan/jul, 139-168.

VASCONCELOS, Frederico. "Pão de Açúcar decide abrir o capital". *Folha de S.Paulo,* 20 fev. 1995.

WALTON, Sam. *Made in America.* Nova York: Doubleday, 1992.

Este livro, composto na fonte Fairfield,
foi impresso em papel Ivory Slim 65g/m² na Coan.
Tubarão, Brasil, maio de 2025.